बिखरी यादें

कविता, शायरी, ग़ज़ल...

श्रीराज मेनन

क्रम-सूची

क्रम-सूची

क्रम-सूची

क्रम-सूची

क्रम-सूची

भूमिका

पुस्तक में लेखक द्वारा लिखित हिंदी कविताएँ और शायरी शामिल हैं। इसमें कविताएं, शायरी और प्रेरणादायक उद्धरण शामिल हैं।

इस पुस्तक में लेखक द्वारा लिखी गई कुछ कविताएँ और शायरियाँ हैं जो प्रेम, प्रकृति और जीवन के सामान्य दैनिक पहलुओं पर आधारित हैं। कुछ प्रेरक प्रसंग भी हैं। प्यार में पाया गया प्यार, खोया हुआ प्यार और फिर से जगा हुआ प्यार शामिल है। इसी तरह, प्रकृति में प्रकृति का महत्व है और लोग बिना किसी दुष्प्रभाव के प्रकृति का अपने फायदे के लिए दुरुपयोग करते हैं। सामान्य में जीवन के सामान्य पहलू होते हैं जो लोगों और परिवेश के साथ चलते हैं।

पावती (स्वीकृति)

मैं अपने उन दोस्तों को धन्यवाद देना चाहता हूं जिन्होंने मुझे कविताएं और शायरी लिखने के लिए प्रेरित किया, जिसे मैं कहता था और भूल जाता था। मैं Your Quote प्लेटफॉर्म और उसके सभी सदस्यों और समूहों को भी धन्यवाद देना चाहता हूं जिन्होंने मुझे अनुमति दी और मुझे इसके मंच पर अपनी सामग्री लिखने के लिए प्रेरित किया। मैं नोशन प्रेस और उसके सभी सदस्यों को भी धन्यवाद देना चाहता हूं जिन्होंने मुझे अपनी सामग्री को अपने मंच और समय-समय पर मार्गदर्शन के माध्यम से प्रकाशित करने की अनुमति दी, जो उन्होंने मुझे मेरी त्रुटियों को ठीक करने के लिए दिया।

1. असत्य पर सत्य की जीत

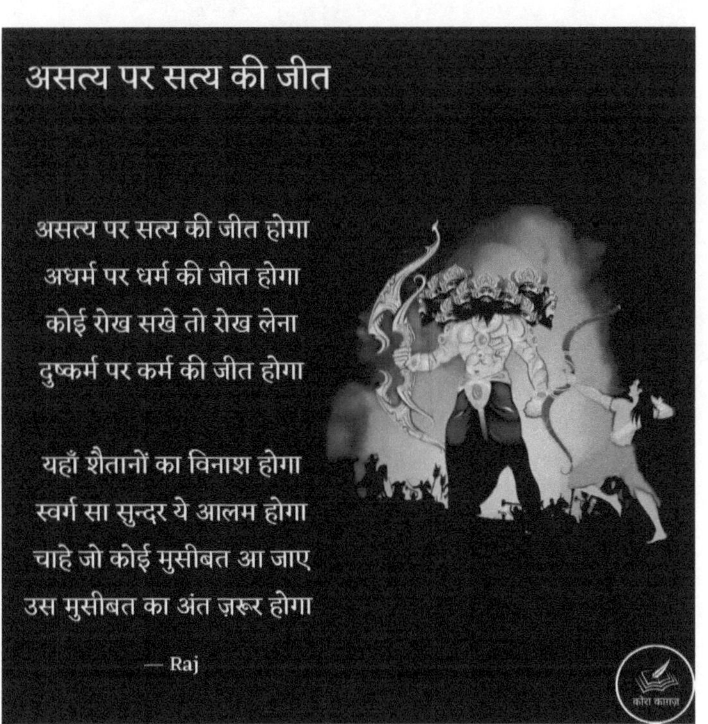

2. तौहीन इश्क़ की

तौहीन इश्क़ की

बात ग़र करूं तो तकल्लुफ़ दिल की होगी
ग़र दूर जाऊं मैं तो तौहीन इश्क़ की होगी

फिर भी मैं करता रह जाऊं मोहब्बत यही
दिल का क्या कसूर कसक इश्क़ की होगी

दर्द-ए-उल्फ़त में ये दिल चूर हुआ तो क्या
इस दिल की नहीं, मुश्किलें इश्क़ की होगी

गुस्से की आग में गलतफहमी है कुछ तुम्हें
उस आग में यहाँ तो राख इश्क़ की होगी

डूबकर दर्द-ए-इश्क़ में मर भी जाऊं अगर
मेरे जनाज़े में यहाँ बदनाम इश्क़ की होगी

— Raj

3. मल्बूस - कपडे

उर्दू की पाठशाला
कोरा काग़ज़
आज का शब्द
मल्बूस
बदलता हैं प्रेमी अपना मल्बूस की तरह
अब क्या करें ये आदत हैं कुछ लोगों का
— Raj

4. बेदाद - अन्याय, ज़ुल्म

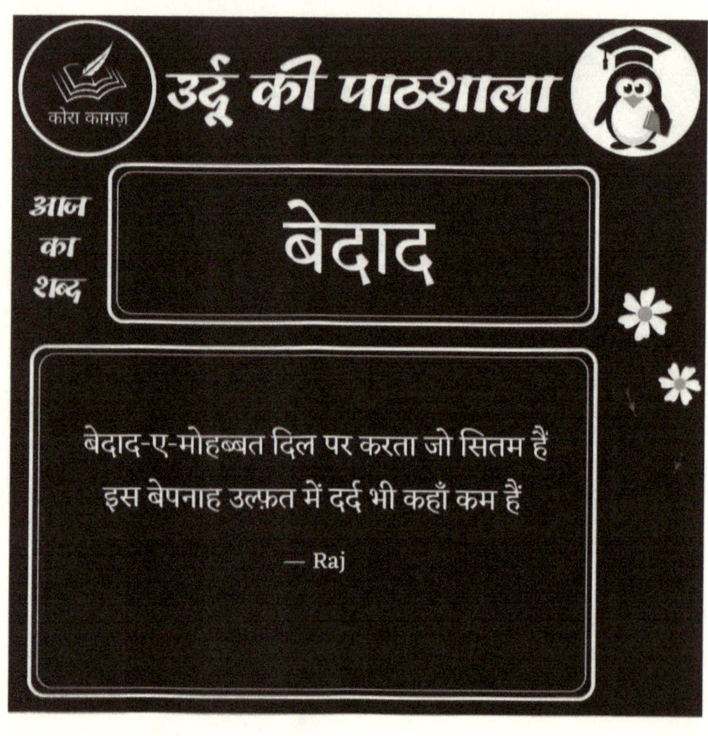

5. बेताब दिल की तमन्ना

• 5 •

6. बिखरी यादें

बिखरी यादें

बिखरी यादें हमें और ना सताओ
ज़रा चैन से रहने दो और न तड़पाओ
सह लिया दर्द मैंने ज़िन्दगी की सारे
लगाए मरहम को पल भर तो रहने दो

छोटा सा नहीं हैं आहत इस दिल की
गहरा सा हैं और दर्द भी बहुत सारे
ये गुज़ारिश हैं तुमसे बस चले जाओ
मत कुरेदो दिल की ये आहत को मेरे

— Raj

7. तुमको भूल न पाएँगे

तुमको भूल न पाएँगे
चाहे जितना करलो सितम तुमको भूल न पाएंगे
जब बात हो उल्फ़त का हर दम तेरी याद आएंगे

समझना है मुश्किल जब बात दिल की होता रहें
करलो जितना जतन ये इश्क़ को समझ न पाएंगे

माना दुनिया की बुनियाद मोहब्बत से ही होता हैं
क्या करें ऐसे मोहब्बत का जो मतलब से होता हैं

— Raj

8. जलती आग में घी डालना

9. ज़हर उगलना

ज़हर उगलना

चाहे कितना भी मीठा बोल लो
चाहे तोहफ़ा भी उने दिला दो
कुछ लोग होता कड़वा ज़ुबान
बोले तो बस हैं ज़हर उगलना

चाहे किसी का दिल टूट जाए
चाहे किसी को दर्द हो जाए
अपनी आदत से होता मजबूर
काम हैं उनका ज़हर उगलना

— Raj

10. शब्दों का संसार

कोरा काग़ज़ - शब्दों का संसार

चाहे कुछ भी हो मगर लिखना ना छोड़ना
ये दुनिया बड़ा ख़राब है पर जीना ना छोड़ना
मुस्कुराते रहे हर पल चाहे कुछ भी हो झेलना
सुःख के दिन जरूर आएंगे मानो मेरा कहना

यहाँ कोरा काग़ज़ - शब्दों का संसार मानना
जहाँ पर तुम्हें अपनी लेखनी को है लिखना
शब्दों का संसार है ये जो लगे सबसे प्यारा
लिखकर यहाँ पर खुदको ज़रा आज़माना

— Raj

11. जंगल में मंगल होना

12. चाँदनी में देखकर

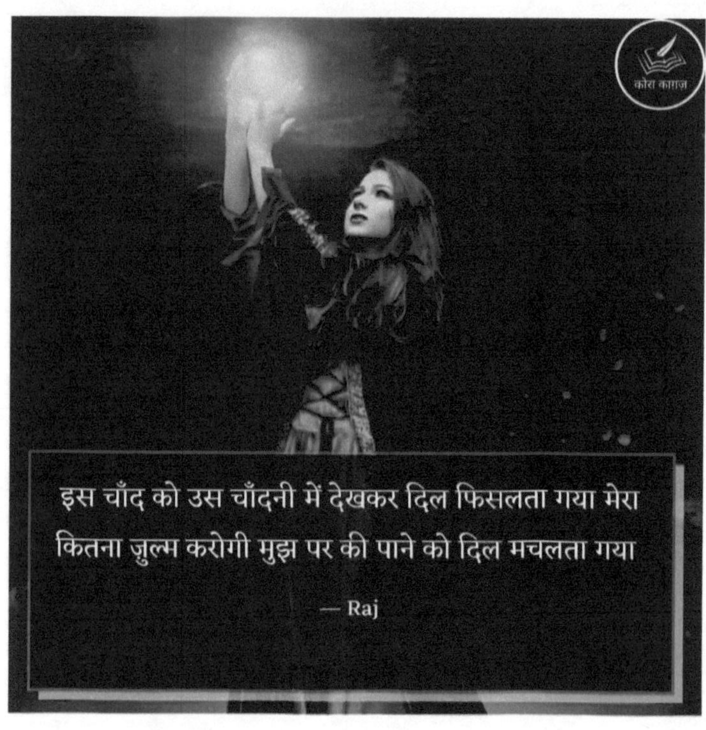

इस चाँद को उस चाँदनी में देखकर दिल फिसलता गया मेरा
कितना जुल्म करोगी मुझ पर की पाने को दिल मचलता गया

— Raj

13. चेहरे पर मुस्कान

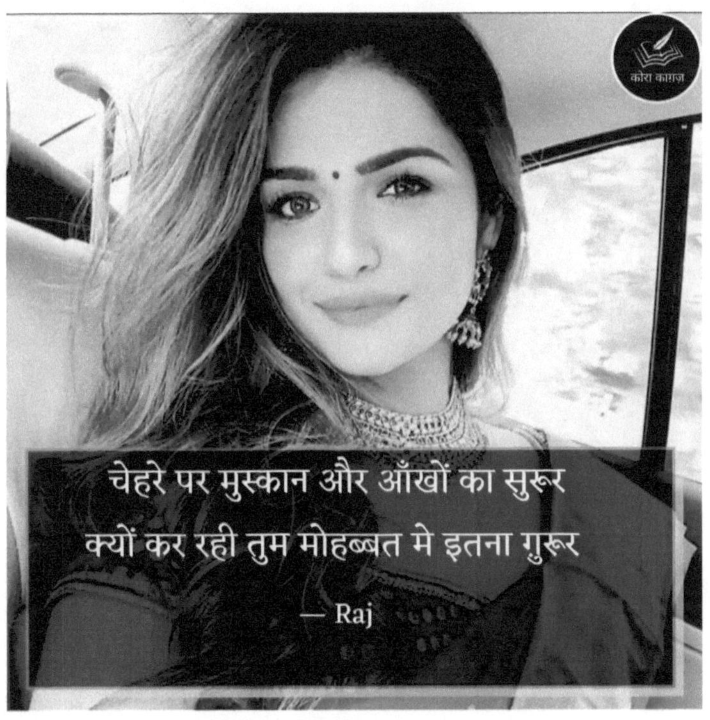

14. दर्द-ए-दिल

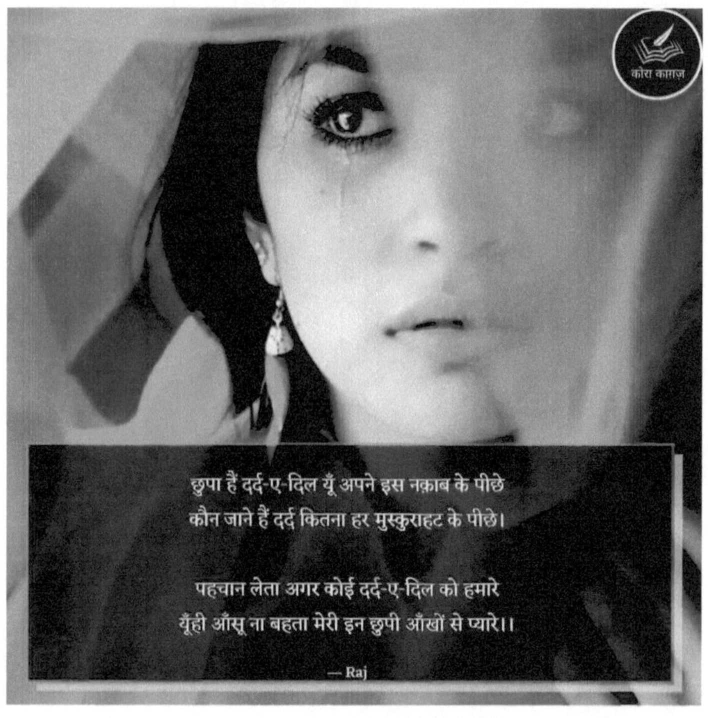

छुपा हैं दर्द-ए-दिल यूँ अपने इस नक़ाब के पीछे
कौन जाने हैं दर्द कितना हर मुस्कुराहट के पीछे।

पहचान लेता अगर कोई दर्द-ए-दिल को हमारे
यूँही आँसू ना बहता मेरी इन छुपी आँखों से प्यारे।।

— Raj

15. चिराग की रौशनी

• 15 •

16. क़िस्मत की लकीरें

क़िस्मत की लकीरें

चमकता हैं कभी क़िस्मत की लकीरें
अपने कर्म भी दें जाता हैं कभी इशारे
जान लेता अगर मुस्तकबिल को प्यारे
कितना सुन्दर होता ज़िन्दगी जो गुज़ारे

पर क्या करें जब तकदीर ही साथ न दें
यहाँ कोशिश में भी कोई कमी नहीं हैं
फ़िर भी ये किस्मत कुछ रुटा हुआ हैं
जीवन में तड़पने को बस छोड़ दिया हैं

— Raj

17. तीर-ए-नज़र

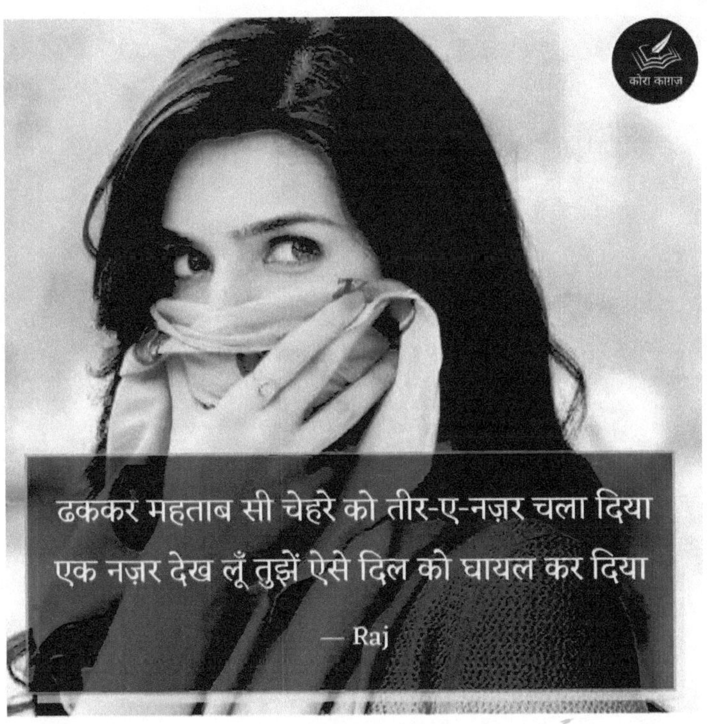

18. खुबसूरत सी परछाई

19. डूबकर ख़यालों में

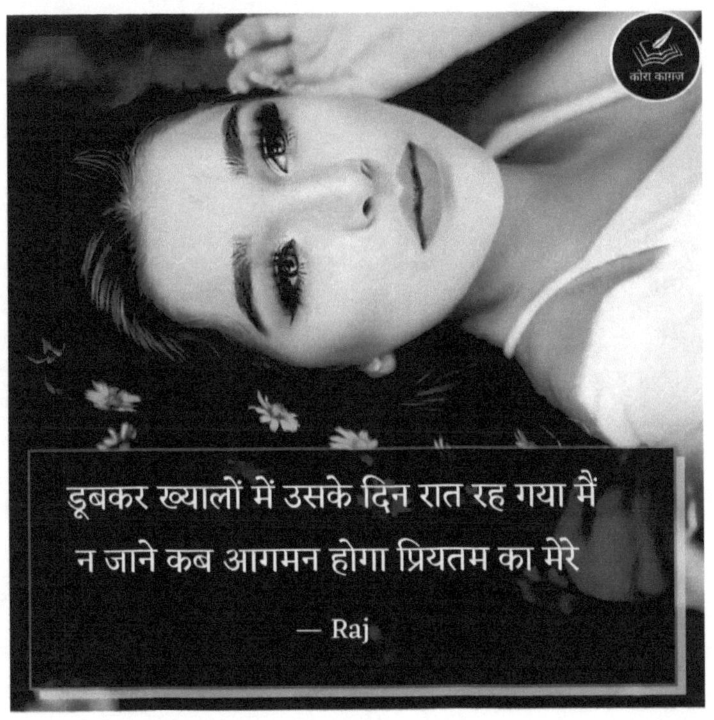

20. मरहला - मंज़िल

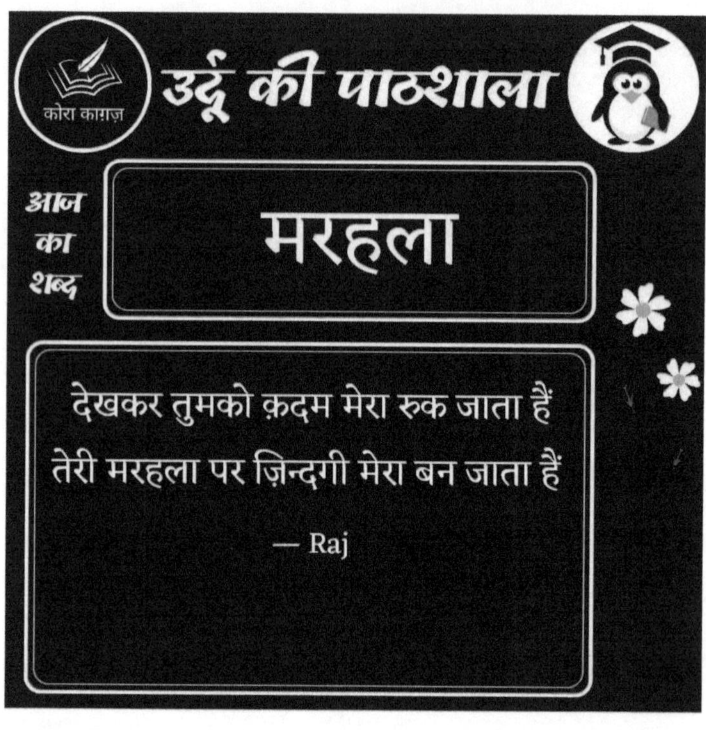

उर्दू की पाठशाला
कोरा काग़ज़
आज का शब्द
मरहला
देखकर तुमको क़दम मेरा रुक जाता हैं
तेरी मरहला पर ज़िन्दगी मेरा बन जाता हैं
— Raj

21. दस्तक मोहब्बत की

22. मुकद्दर तेरा मेरा

23. गुमनाम हो गए हम

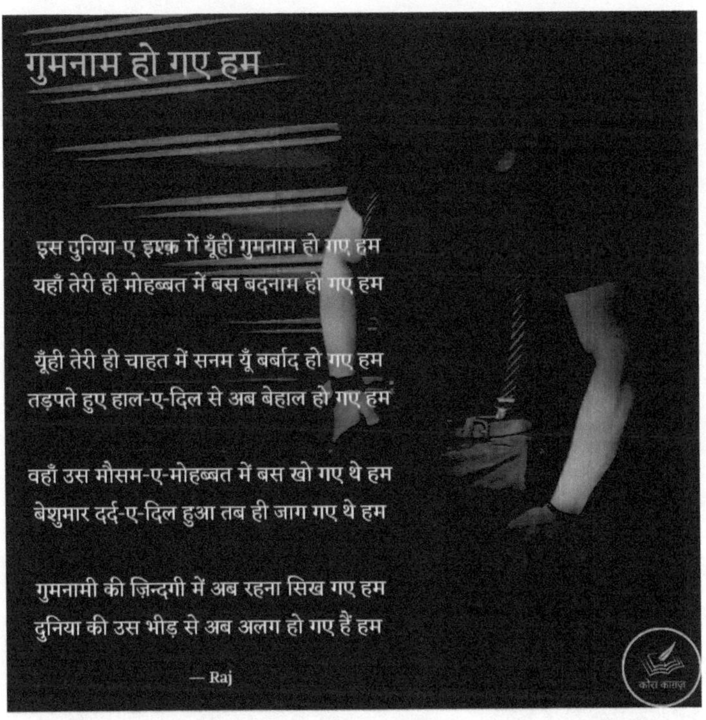

24. ज़ोहद - संसारिक सुखों का त्याग

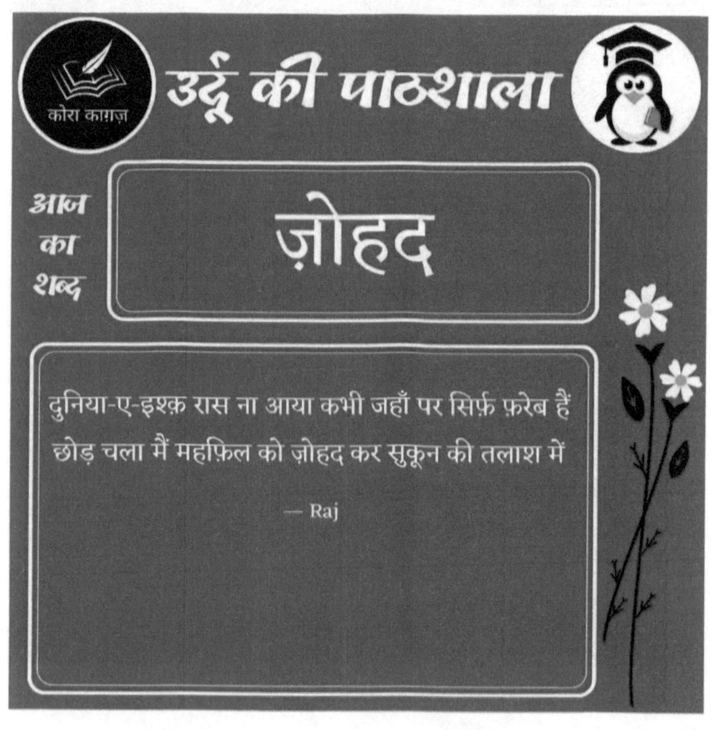

25. तेरी मेरी कहानी

• 25 •

26. कभी तो क़रीब आओ

कभी तो क़रीब आओ

दूर हो तुम और दूर हूँ मैं
बताओ कैसे पा लूँ तुम्हें
ये दिल भी तड़प रहा है
विरह वेदना सह न पाए

कभी तो क़रीब आओ
मेरे दिल को न सताओ
आकर गले लग जाओ
मुझको और न रुलाओ

इंतजार है मुझें सदियों से
जब देखे थे सुनहरे सपने
तुम आकर मेरी बाहों में
करलो हक़ीक़त में वो पुरे

— Raj

27. मेरे क़रीब हो तुम

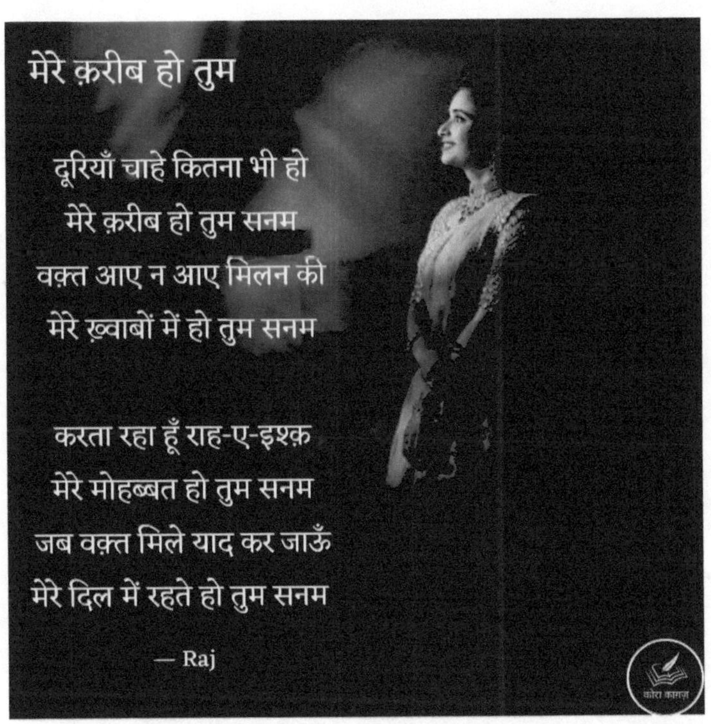

मेरे क़रीब हो तुम

दूरियाँ चाहे कितना भी हो
मेरे क़रीब हो तुम सनम
वक़्त आए न आए मिलन की
मेरे ख़्वाबों में हो तुम सनम

करता रहा हूँ राह-ए-इश्क़
मेरे मोहब्बत हो तुम सनम
जब वक़्त मिले याद कर जाऊँ
मेरे दिल में रहते हो तुम सनम

— Raj

28. इश्तियाक़ - तमन्ना, आरज़ू

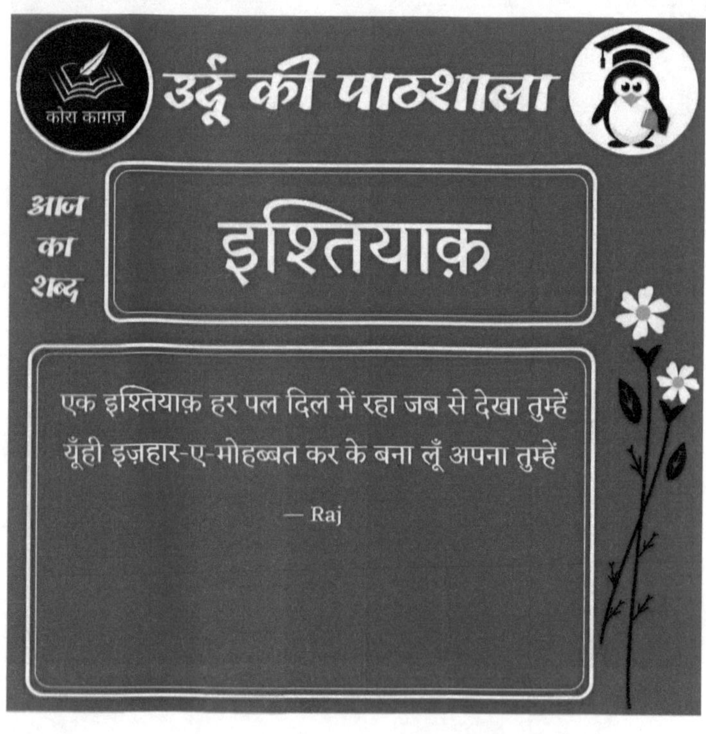

29. तन्हा महफ़िल

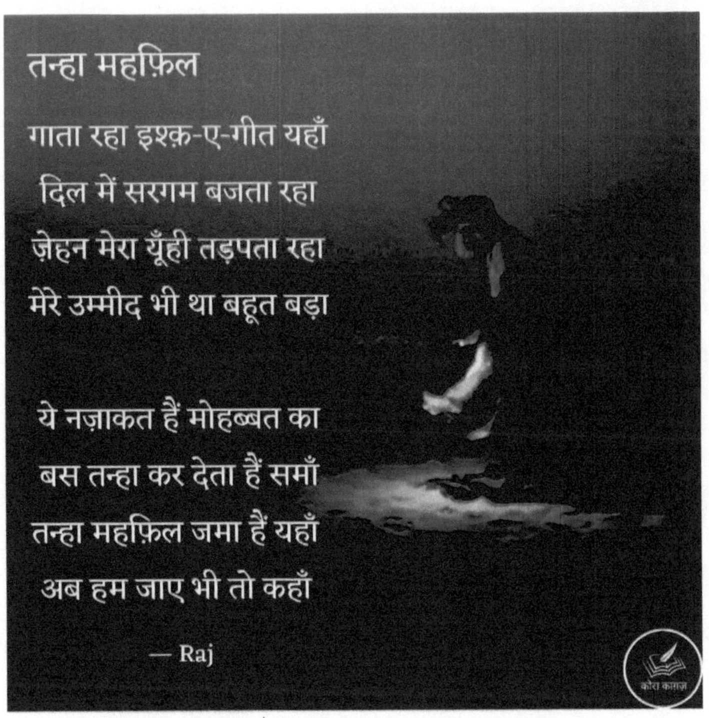

तन्हा महफ़िल

गाता रहा इश्क़-ए-गीत यहाँ
दिल में सरगम बजता रहा
ज़ेहन मेरा यूँही तड़पता रहा
मेरे उम्मीद भी था बहूत बड़ा

ये नज़ाकत हैं मोहब्बत का
बस तन्हा कर देता हैं समाँ
तन्हा महफ़िल जमा हैं यहाँ
अब हम जाए भी तो कहाँ

— Raj

30. जान हथेली पर

जान हथेली पर रखना

ग़दर हो या सरहद सिर्फ तंबू में रहना
वक़्त आने पर जान हथेली पर रखना
काम होता हैं ये देश के नौ जवानों का
जंगे माहौल हो या ना हो सतर्क रहना

कुर्बानी दें जाते हैं वो अपनी जाने के
खेलते हैं वो हर पल उसकी जान से
रक्षा करता हैं वो देश की सरहदो को
घुसने नहीं देता कोई घुसपेठियो को

नमन करता हूँ देश की नौ जवानों का
जो हर पल करता रहता हैं यहाँ रक्षा
इस देश की आन, बान और शान का
सावधान ये हिंदुस्तान देश हैं हमारा

— Raj

31. गुलाब की फ़रमाइश

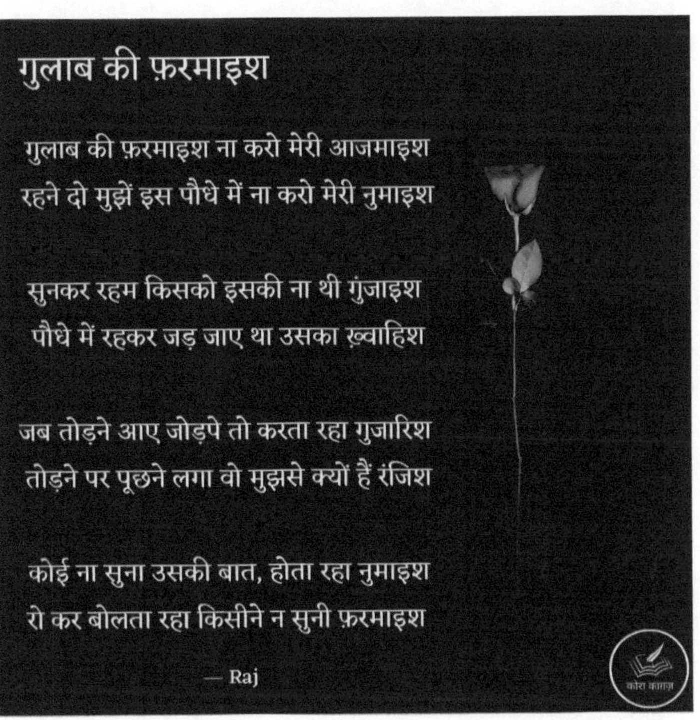

32. गुलाब की ख़ुशबू

33. हम बेवफ़ा न थे

हम बेवफ़ा न थे

हम बेवफ़ा न थे पर वो वफ़ा भी न कर सके
करके वादा-ए-मोहब्बत वो भी न निभा सके

अब ये रोना भी क्या जब दिल ही टूट गया
तन्हाई का आलम अब दिल न बहला सके

महफ़िल भी सजी और मुलाक़ात भी हुआ
पर मोहब्बत में उस से आँखें न मिला सके

जश्न का मौसम भी यहाँ चारो और है फैला
ज़ख्म भरा दिल पर ख़ुशी भी न दिखा सके

मोहब्बत की चाहत हर पल रहा इस दिल में
ख्वाब था मेरा सच्चा पर वो भी न पा सके

— Raj

34. हम भी तेरे दिल भी तेरा

35. अज्दाद - पूर्वज, पुरखें

35

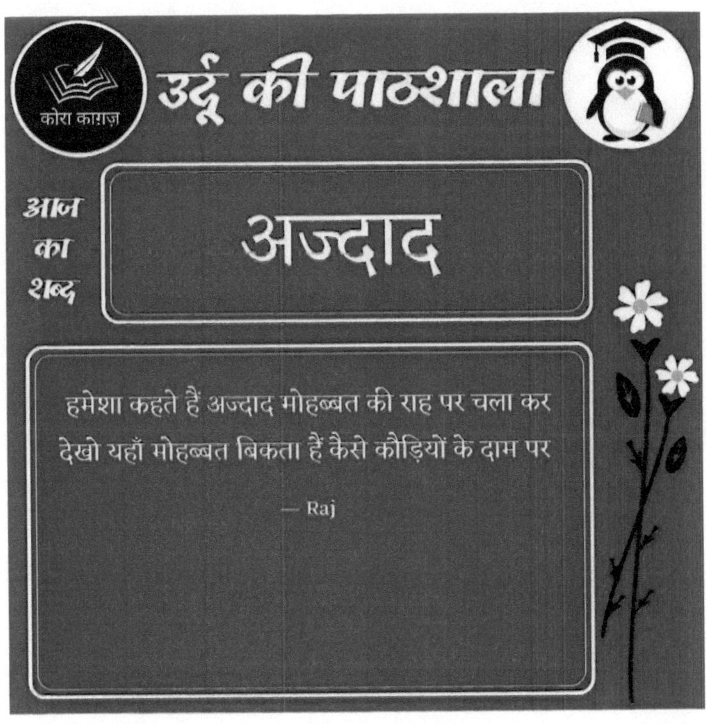

36. होश हम गवा बैठे

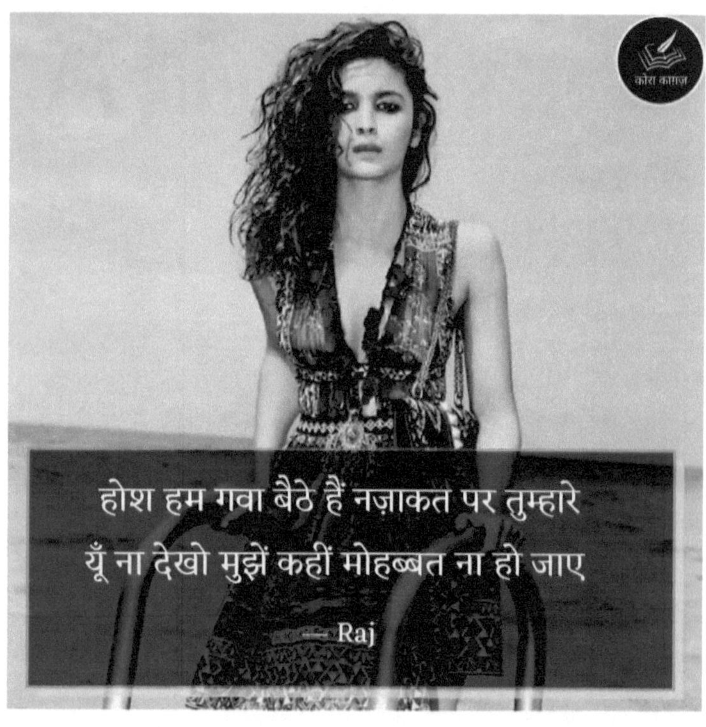

37. होठों पर मुस्कान

• 37 •

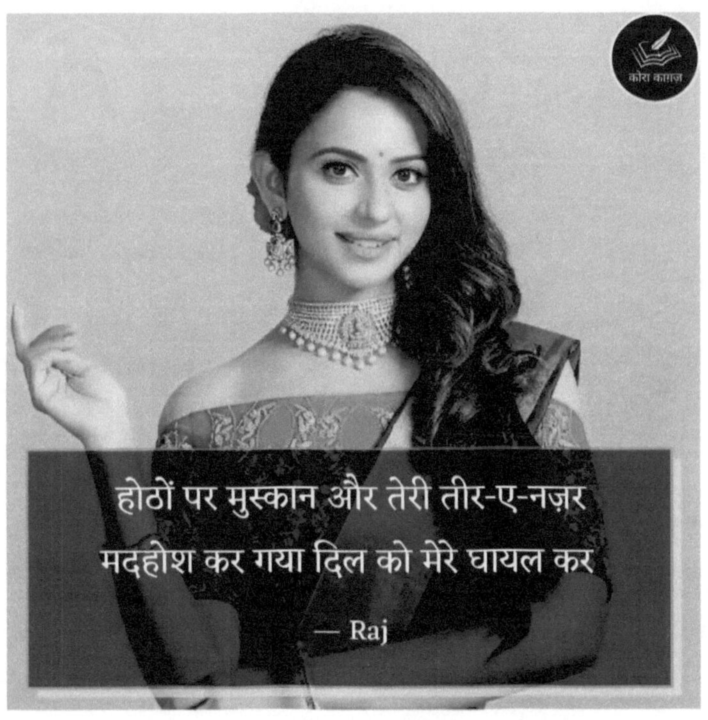

38. नज़्र - उपहार, चढ़ावा

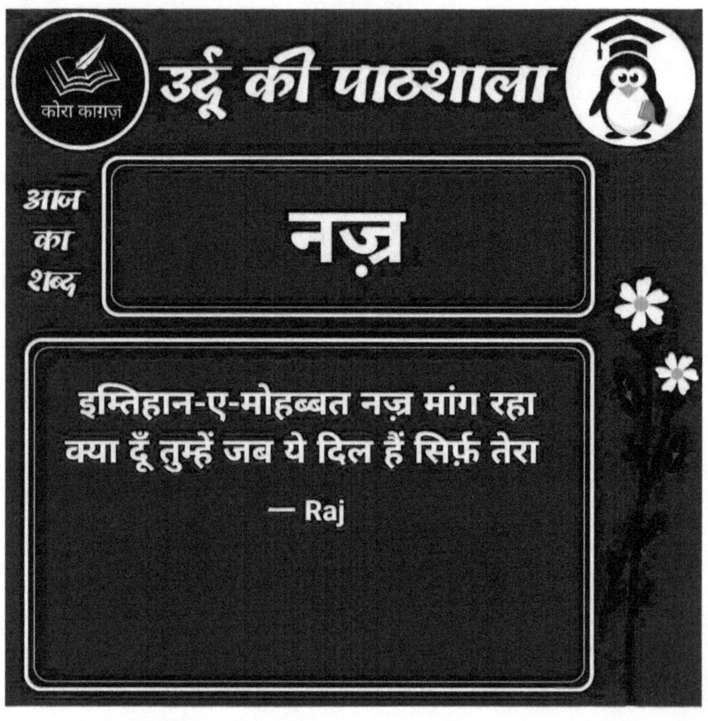

39. तौबा-शिकिनी - शपथ/ वादा तोड़ना

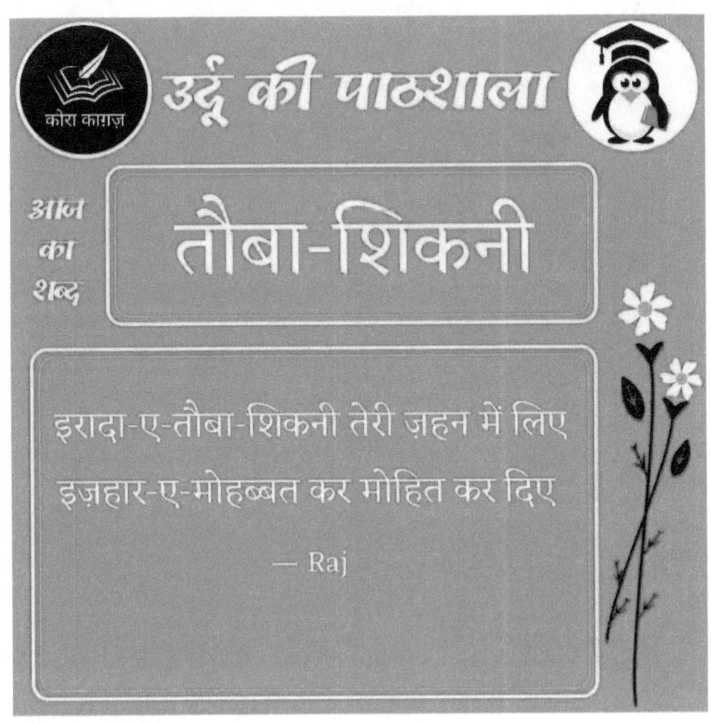

40. अयाँ - साफ़, स्पस्ट

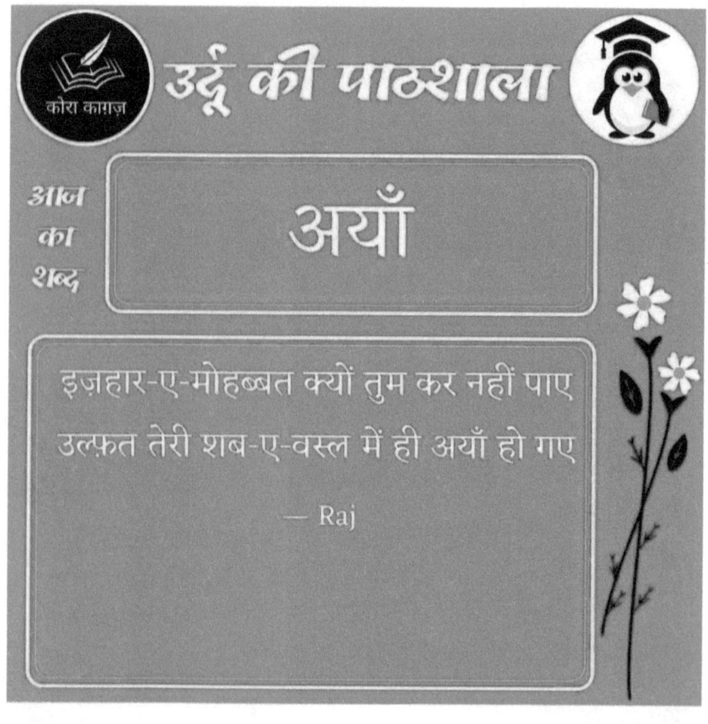

उर्दू की पाठशाला
कोरा काग़ज़
आज का शब्द
अयाँ
इज़हार-ए-मोहब्बत क्यों तुम कर नहीं पाए
उल्फ़त तेरी शब-ए-वस्ल में ही अयाँ हो गए
— Raj

41. फ़रह-बख़्श - ख़ुशी, अनंदता

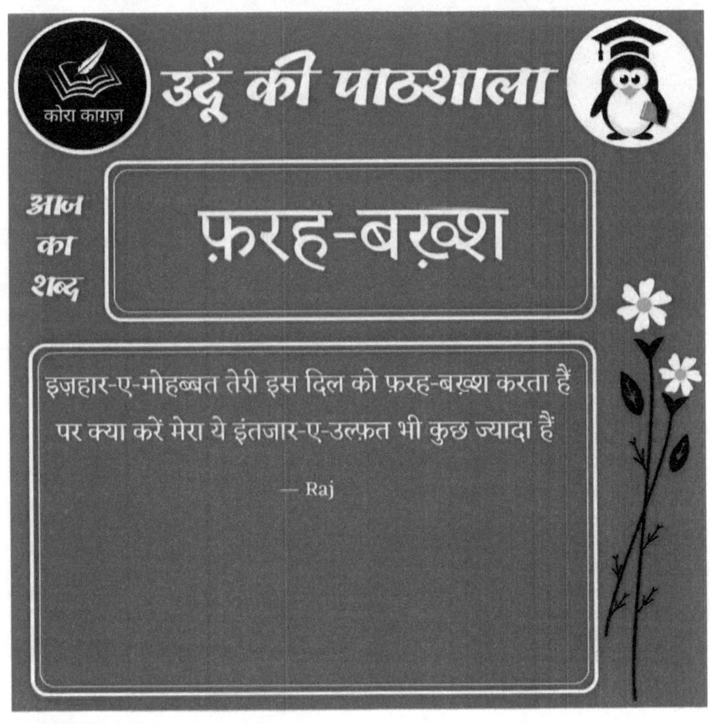

42. इज़हार कर देते तो

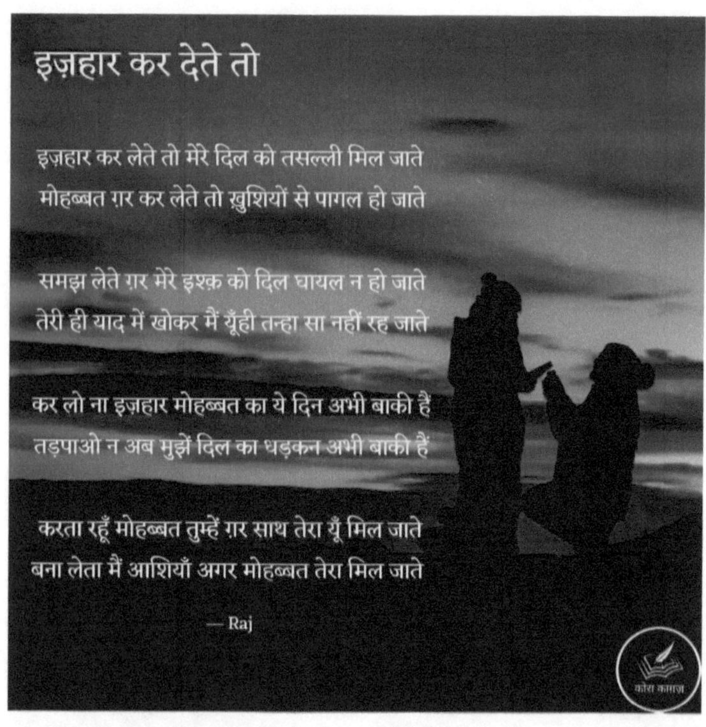

43. तेरी झुकी नज़र

• 43 •

44. परदेशी कब ठहरे

• 44 •

45. छोटी सी मुलाक़ात

• 45 •

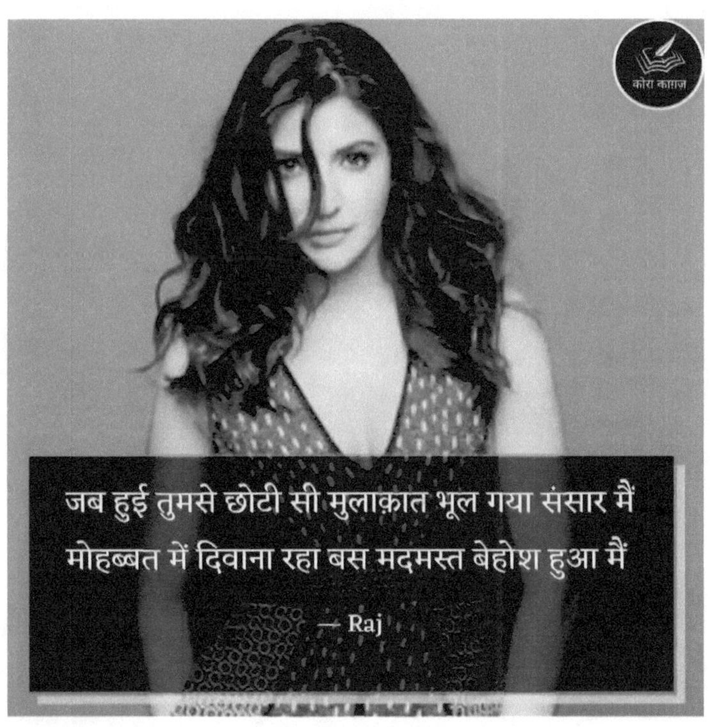

46. तीन कनौजिया तेरा चूल्हा

47. होश है गुम

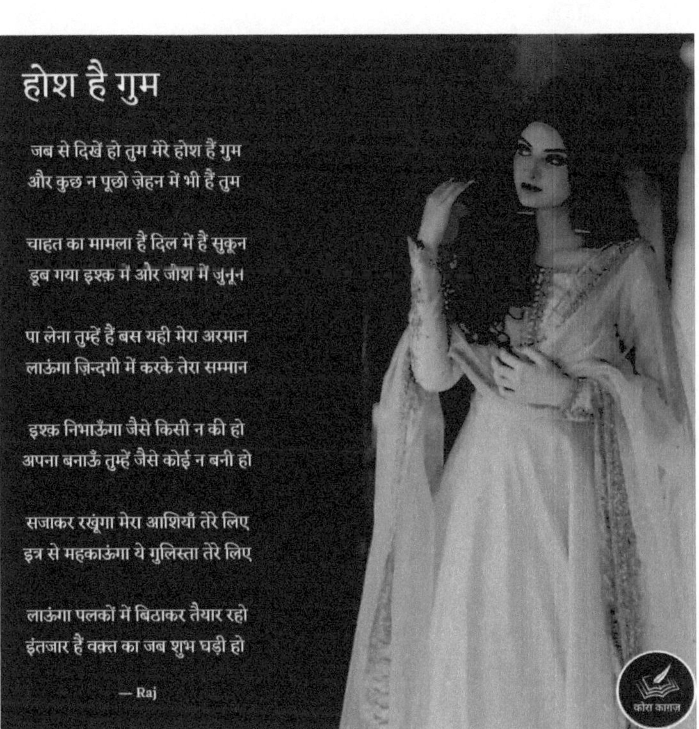

होश है गुम

जब से दिखे हो तुम मेरे होश हैं गुम
और कुछ न पूछो ज़ेहन में भी हैं तुम

चाहत का मामला है दिल में है सुकून
डूब गया इश्क़ में और जोश में जुनून

पा लेना तुम्हें है बस यही मेरा अरमान
लाऊंगा ज़िन्दगी में करके तेरा सम्मान

इश्क़ निभाऊंगा जैसे किसी न की हो
अपना बनाऊँ तुम्हें जैसे कोई न बनी हो

सजाकर रखूंगा मेरा आशियाँ तेरे लिए
इत्र से महकाऊंगा ये गुलिस्ता तेरे लिए

लाऊंगा पलकों में बिठाकर तैयार रहो
इंतजार है वक़्त का जब शुभ घड़ी हो

— Raj

48. रफ़ीक़ - मददगार, सहायक

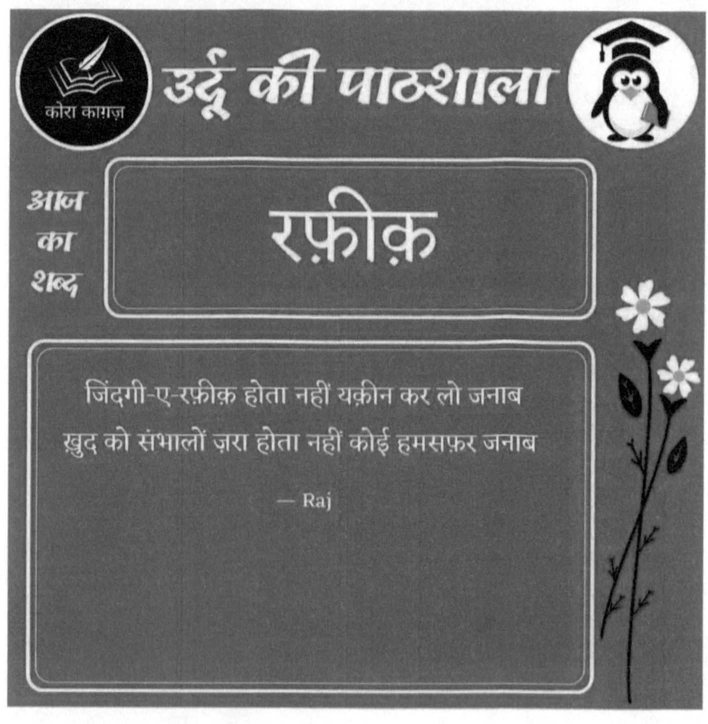

49. इस्मत - सम्मान

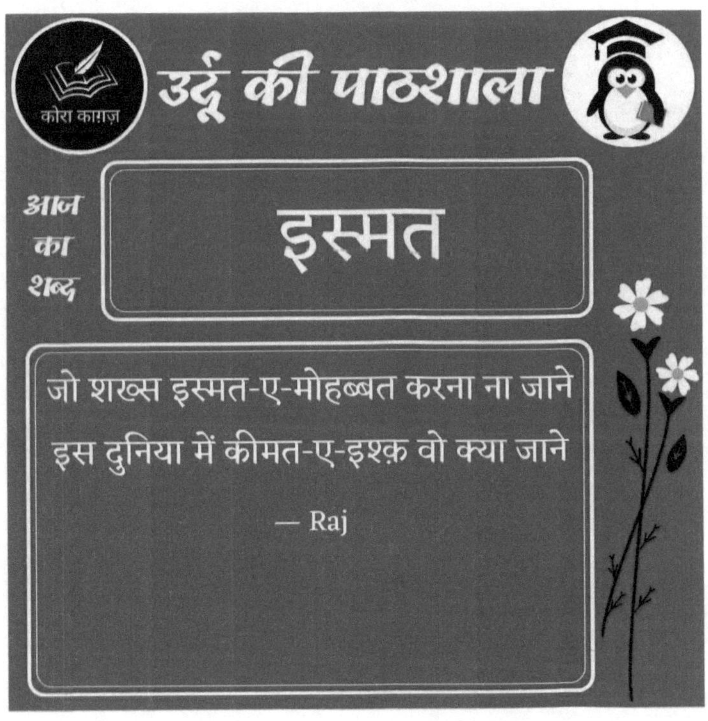

उर्दू की पाठशाला
कोरा काग़ज़
आज का शब्द
इस्मत
जो शख़्स इस्मत-ए-मोहब्बत करना ना जाने
इस दुनिया में कीमत-ए-इश्क़ वो क्या जाने
— Raj

50. अंदाज़ मस्ताना

• 50 •

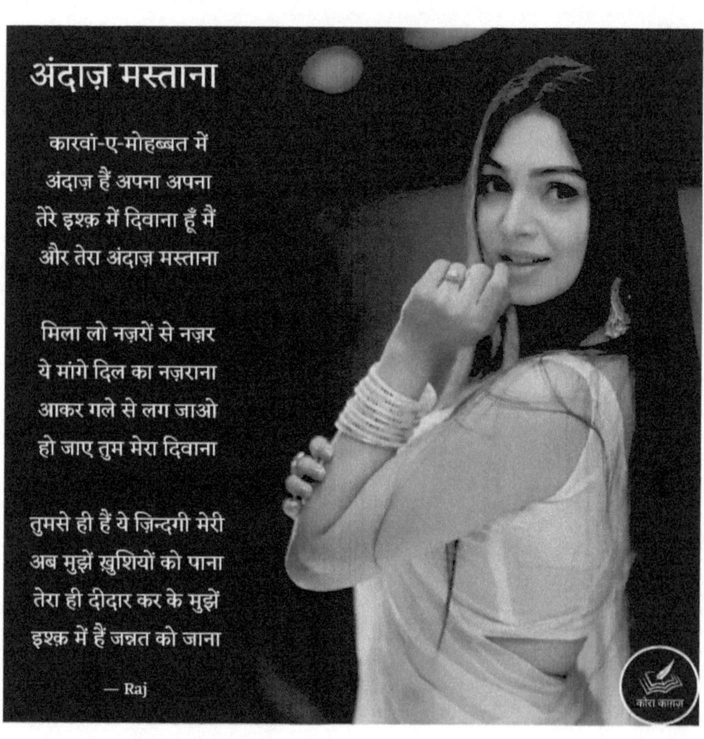

51. क़दम भर साथ चलो

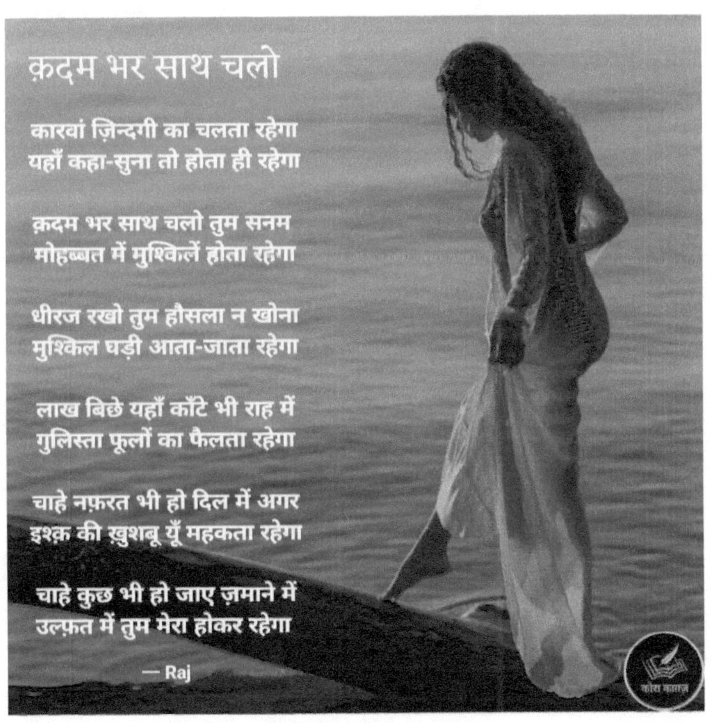

52. कच्चे धागे से रिश्ते

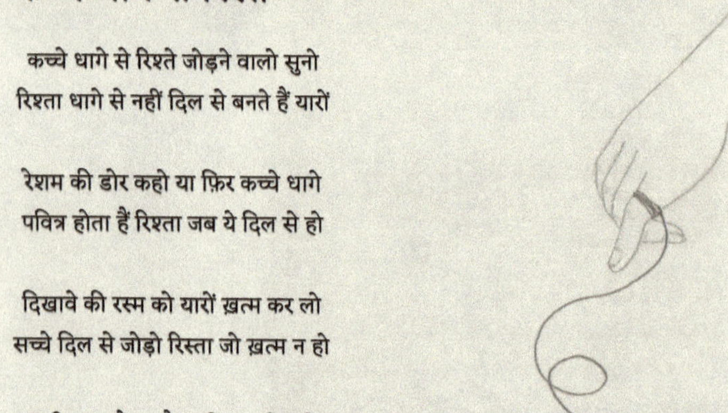

कच्चे धागे से रिश्ते

कच्चे धागे से रिश्ते जोड़ने वालो सुनो
रिश्ता धागे से नहीं दिल से बनते हैं यारों

रेशम की डोर कहो या फ़िर कच्चे धागे
पवित्र होता हैं रिश्ता जब ये दिल से हो

दिखावे की रस्म को यारों ख़त्म कर लो
सच्चे दिल से जोड़ो रिस्ता जो ख़त्म न हो

राखी का त्यौहार हैं राखी हाथ में नहीं
दिल में बांधो और उस प्रेम मे कैद करो

पवित्र होता हैं ये भाई बहन का रिश्ता
इस का इस दुनिया में नुमाइश मत करो

— Raj

53. जान पर खेलना

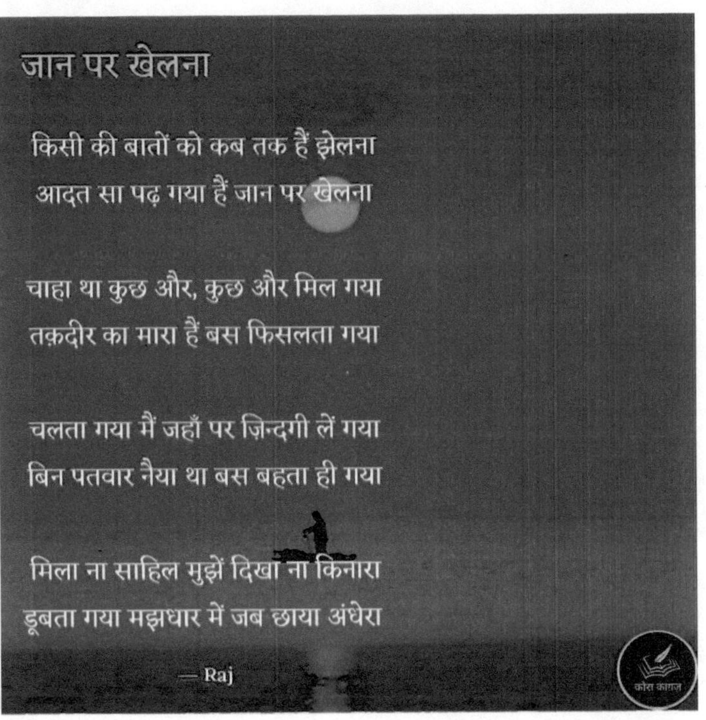

जान पर खेलना

किसी की बातों को कब तक हैं झेलना
आदत सा पढ़ गया हैं जान पर खेलना

चाहा था कुछ और, कुछ और मिल गया
तक़दीर का मारा हैं बस फिसलता गया

चलता गया मैं जहाँ पर ज़िन्दगी लें गया
बिन पतवार नैया था बस बहता ही गया

मिला ना साहिल मुझें दिखा ना किनारा
डूबता गया मझधार में जब छाया अंधेरा

— Raj

54. जान के लाले पड़ना

जान के लाले पड़ना

किसी की मदद कर जाना
और जान के लाले पड़ना
होता हैं इस ज़माने में यार
बस वहीं बात जो हैं पुराना

नहीं हैं ज़माना भलाई का
यहाँ होता हैं हाल बहुत बुरा
जब भी करें हैं भलाई यहाँ
मिलता सजा बेहिसाब वहाँ

— Raj

55. कोरा हैं काग़ज़

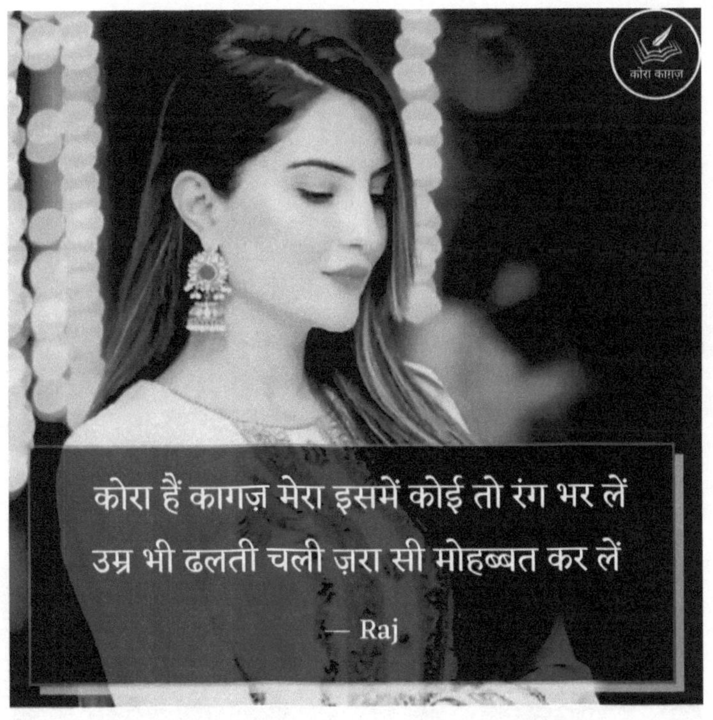

56. थोड़ी पूँजी घटी को खाय

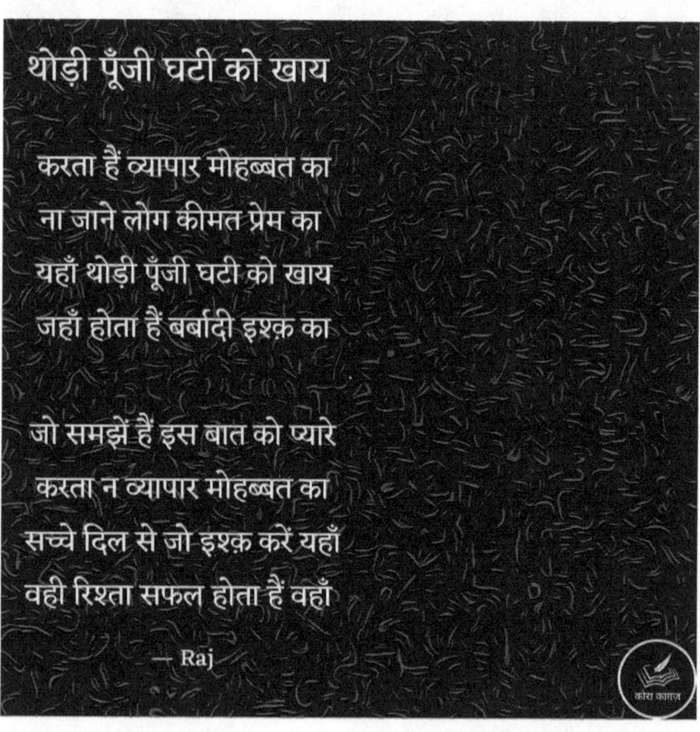

57. हम तो दिल से हारे

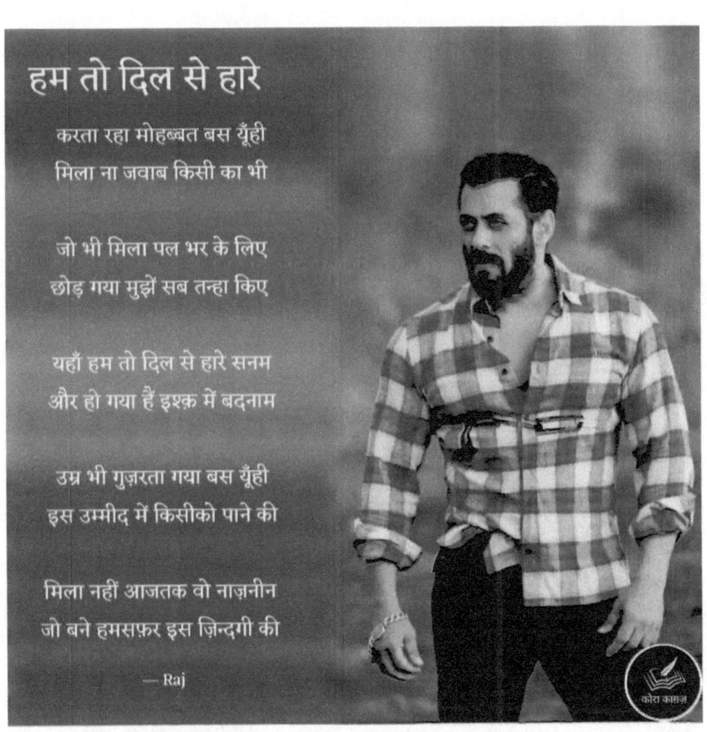

हम तो दिल से हारे

करता रहा मोहब्बत बस यूँही
मिला ना जवाब किसी का भी

जो भी मिला पल भर के लिए
छोड़ गया मुझें सब तन्हा किए

यहाँ हम तो दिल से हारे सनम
और हो गया हैं इश्क़ में बदनाम

उम्र भी गुज़रता गया बस यूँही
इस उम्मीद में किसीको पाने की

मिला नहीं आजतक वो नाज़नीन
जो बने हमसफ़र इस ज़िन्दगी की

— Raj

58. कुशादा - खुला हुआ, चौड़ा

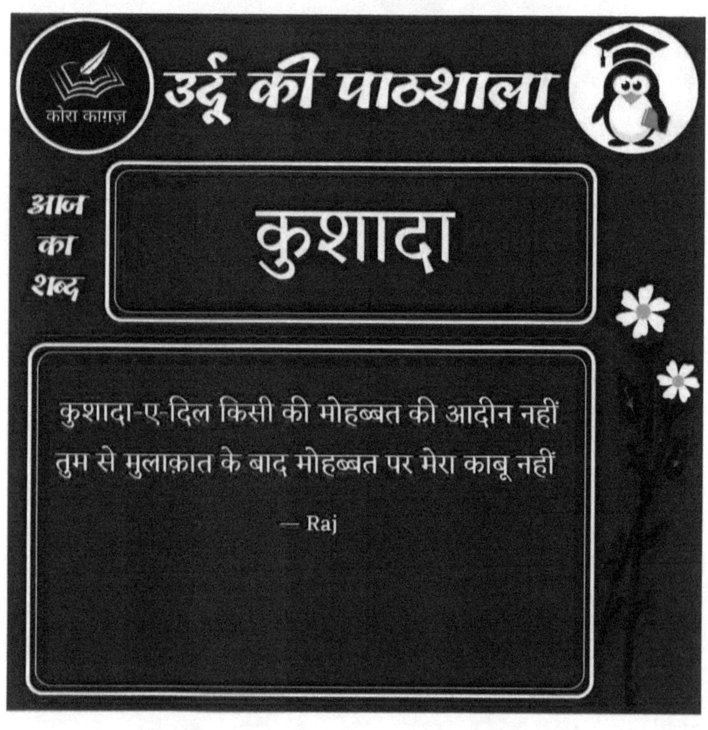

59. लबों की ख़ामोशी

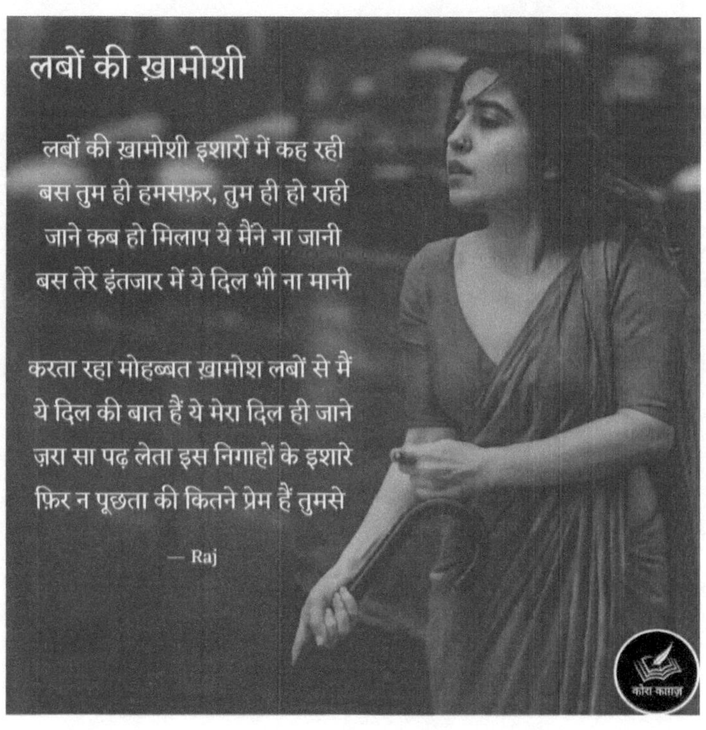

लबों की ख़ामोशी

लबों की ख़ामोशी इशारों में कह रही
बस तुम ही हमसफ़र, तुम ही हो राही
जाने कब हो मिलाप ये मैंने ना जानी
बस तेरे इंतजार में ये दिल भी ना मानी

करता रहा मोहब्बत ख़ामोश लबों से मैं
ये दिल की बात हैं ये मेरा दिल ही जाने
ज़रा सा पढ़ लेता इस निगाहों के इशारे
फ़िर न पूछता की कितने प्रेम हैं तुमसे

— Raj

60. लफ़्ज़ों का मरहम

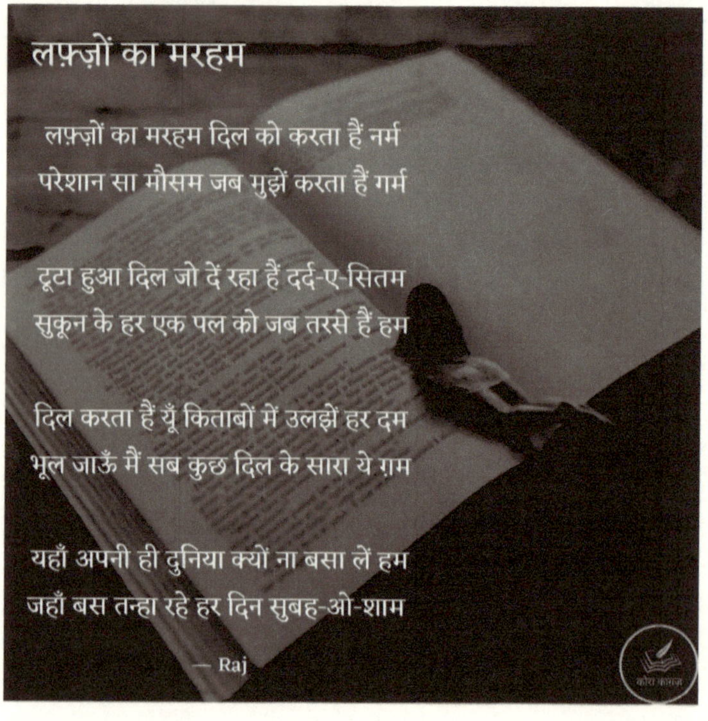

लफ़्ज़ों का मरहम

लफ़्ज़ों का मरहम दिल को करता हैं नर्म
परेशान सा मौसम जब मुझें करता हैं गर्म

टूटा हुआ दिल जो दें रहा हैं दर्द-ए-सितम
सुकून के हर एक पल को जब तरसे हैं हम

दिल करता हैं यूँ किताबों में उलझें हर दम
भूल जाऊँ मैं सब कुछ दिल के सारा ये ग़म

यहाँ अपनी ही दुनिया क्यों ना बसा लें हम
जहाँ बस तन्हा रहे हर दिन सुबह-ओ-शाम

— Raj

61. लहराती घेसुओं में

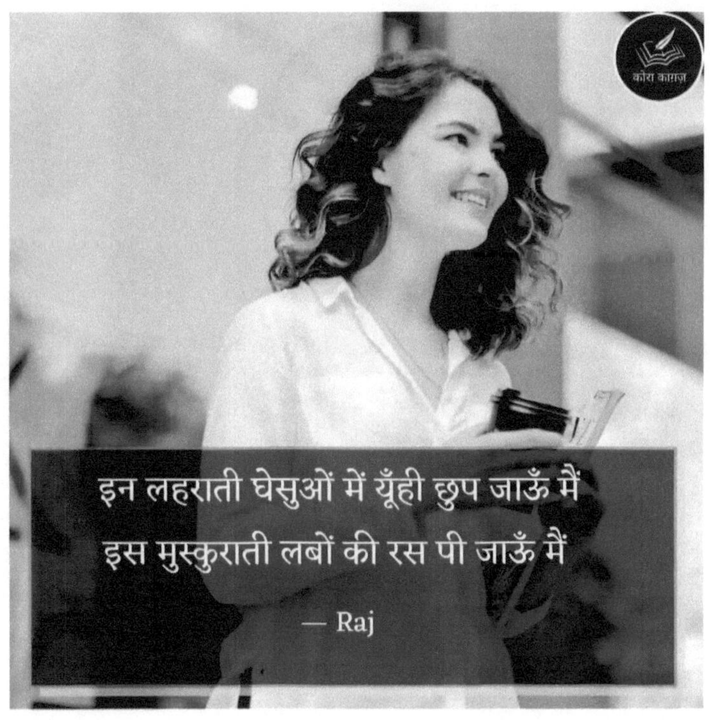

62. मासूमियत चेहरे की

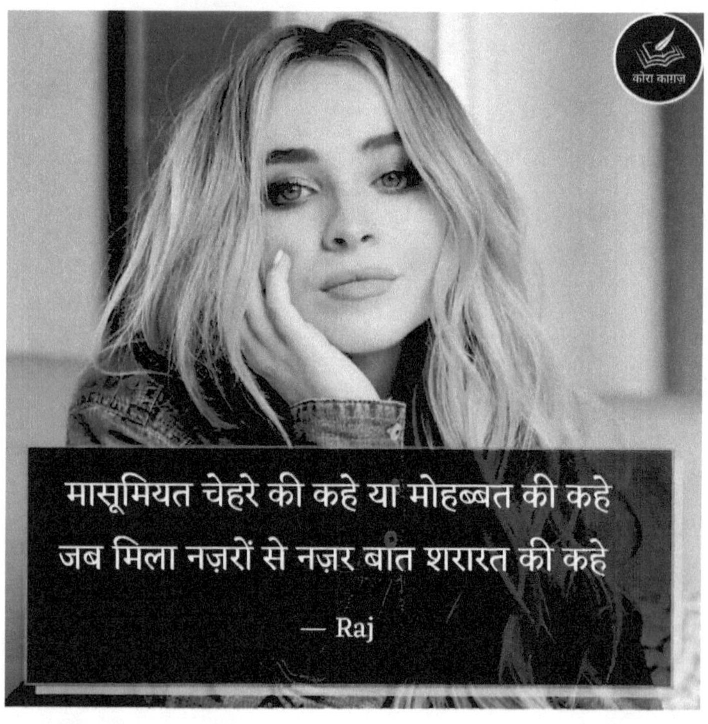

63. ख़ुद से बे-ख़बर

मैं ख़ुद से बे-ख़बर

मैं ख़ुद से बे-ख़बर
घूमता रहा दर-ब-दर
मिला न उसका घर
गुम हुआ अब सबर

कैसे मिलेगा वो डगर
जिस ओर था उसका सफ़र
कोई बताए वो है किदर
कहाँ पर है उसका बसर

करता रहा मैं इंतजार
दिल भी हुआ बे-सबर
उसपर न था कोई असर
तन्हा रह गया मैं इधर

— Raj

64. और क़रीब आओ

और क़रीब आओ

मौसम है बढ़िया ज़रा सा खिलखिलाओ
खूबसूरत है नज़ारा ज़रा सा गुनगुनाओ

ये गीत है अनजाना ज़रा सा तुम गाओ
अब कैसा ये शर्माना, नज़रें ना झुकाओ

और क़रीब आओ, ज़रा सा मुस्कुराओ
खूबसूरत चेहरे पे ज़रा सा रौनक लाओ

खुशियों का माहौल है महफ़िल सजाओ
दिल में बस जाना और तुम जश्न मनाओ

— Raj

65. थका ऊँट सराय तके

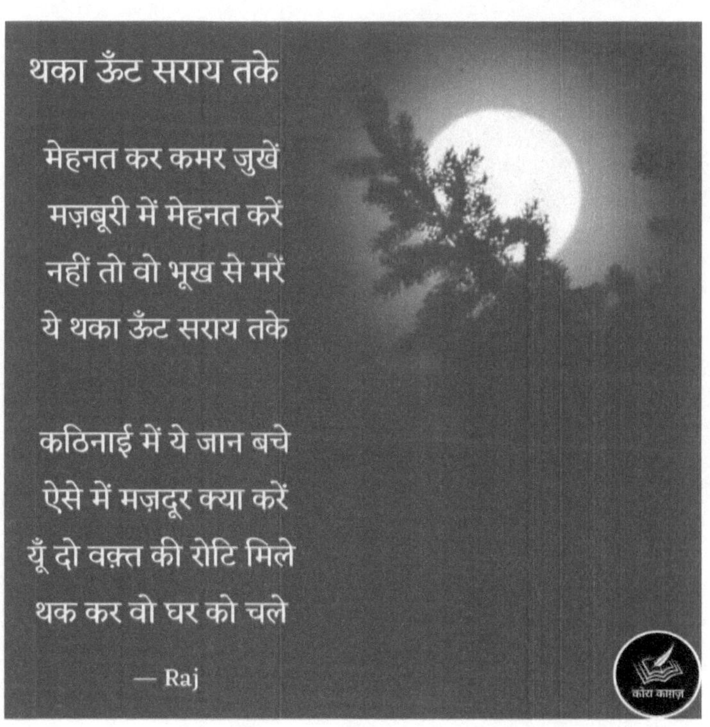

66. जी चुराना

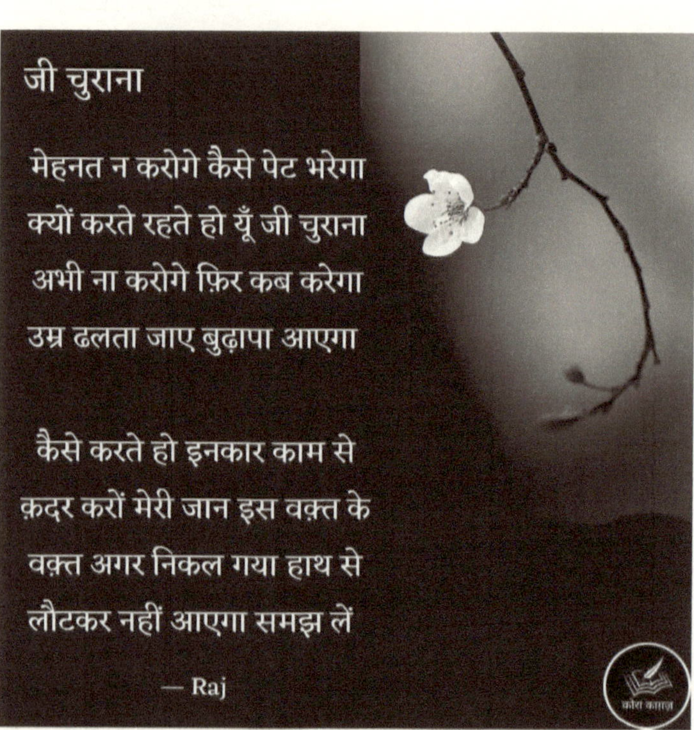

जी चुराना

मेहनत न करोगे कैसे पेट भरेगा

क्यों करते रहते हो यूँ जी चुराना

अभी ना करोगे फ़िर कब करेगा

उम्र ढलता जाए बुढ़ापा आएगा

कैसे करते हो इनकार काम से

क़दर करों मेरी जान इस वक़्त के

वक़्त अगर निकल गया हाथ से

लौटकर नहीं आएगा समझ लें

— Raj

67. शक़ावत - बदकिस्मती

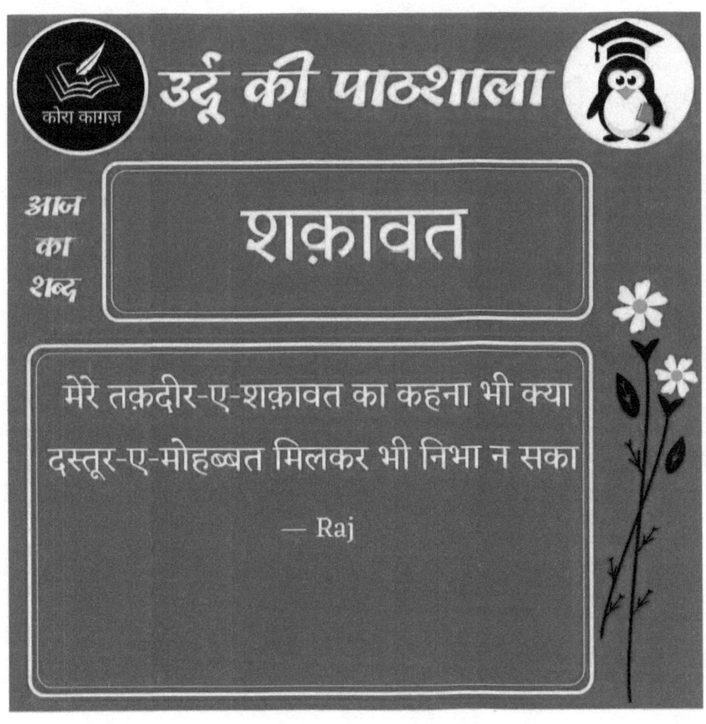

68. कफ़ील - ज़ामिन

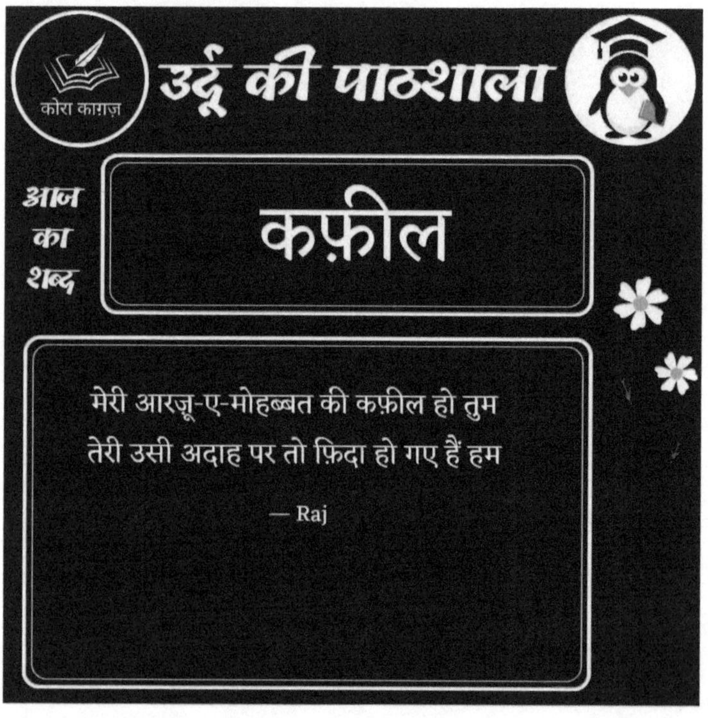

उर्दू की पाठशाला
कोरा काग़ज़
आज का शब्द
कफ़ील
मेरी आरज़ू-ए-मोहब्बत की कफ़ील हो तुम
तेरी उसी अदाह पर तो फ़िदा हो गए हैं हम
— Raj

69. महताब की रोशनी

70. हैफ़ - दुःख, अफ़सोस

उर्दू की पाठशाला
कोरा कागज़
आज का शब्द
हैफ़
महताब समझ कर इश्क़ मैंने जिस से किया
हैफ़ उसने न समझा और मोहब्बत ठुकरा दिया
— Raj

71. कोई शिकायत किए

मिट जाऊँगा इस धरती से बिना किसीसे कोई शिकायत किए
तेरी ये मुस्कान में घायल हुआ दिल कैसे जाये बिन पाए तुम्हे
— Raj

72. नर्म एहसास तुम्हारे

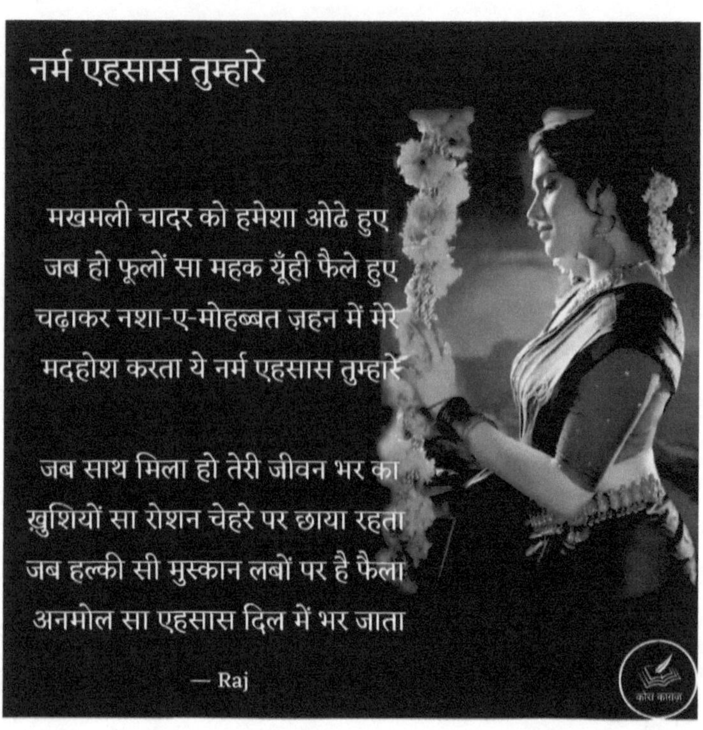

73. मल्लिका-ए-हुस्न

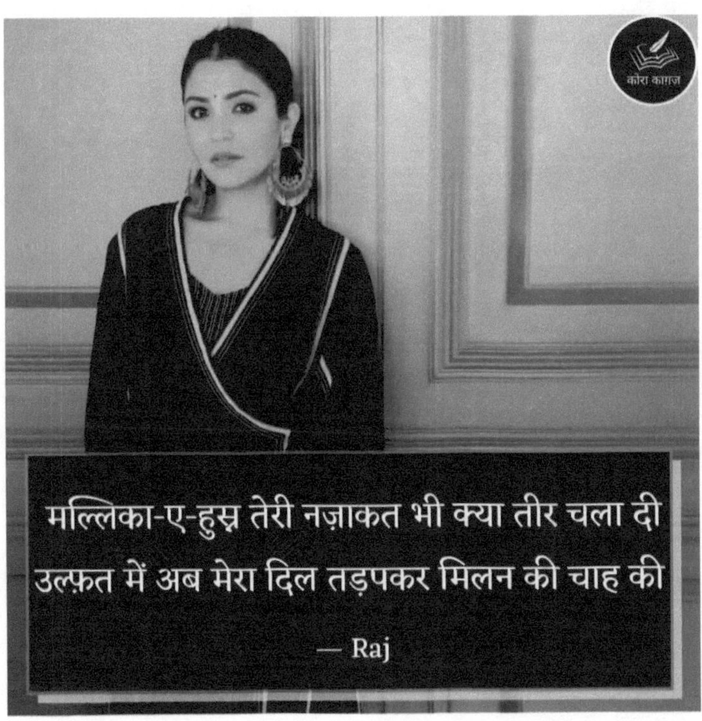

74. मुनव्वर - रोशन

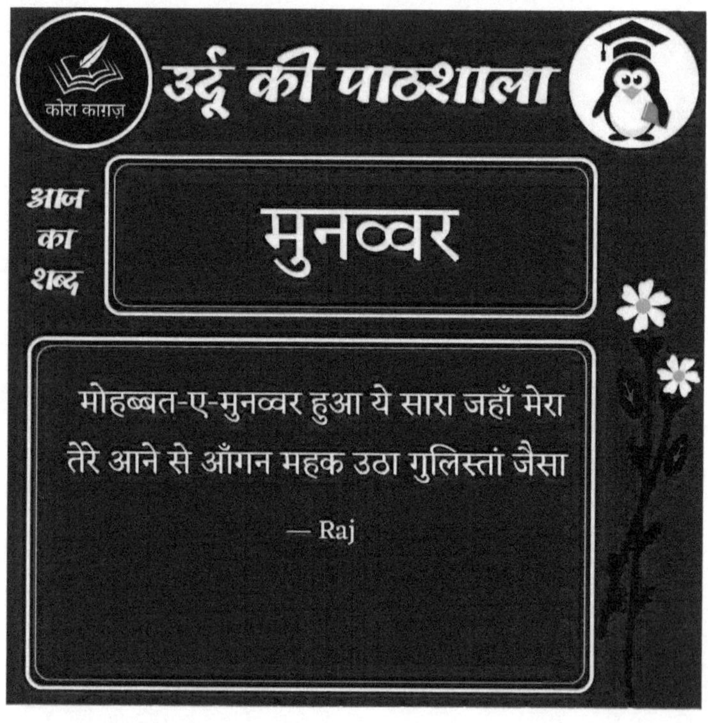
उर्दू की पाठशाला
कोरा काग़ज़
आज का शब्द
मुनव्वर
मोहब्बत-ए-मुनव्वर हुआ ये सारा जहाँ मेरा
तेरे आने से आँगन महक उठा गुलिस्तां जैसा
— Raj

75. मोहब्बत की दुनिया

76. झाँसा देना

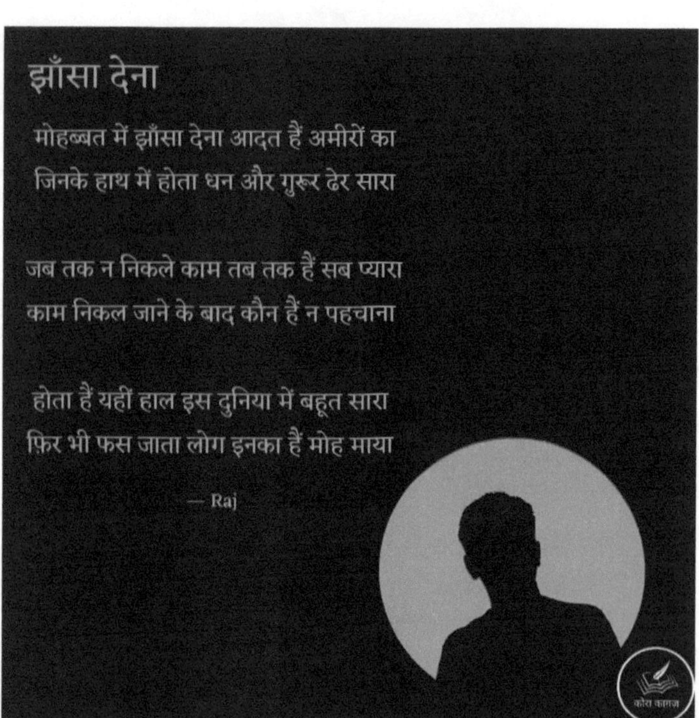

झाँसा देना

मोहब्बत में झाँसा देना आदत है अमीरों का
जिनके हाथ में होता धन और गुरूर ढेर सारा

जब तक न निकले काम तब तक है सब प्यारा
काम निकल जाने के बाद कौन है न पहचाना

होता है यही हाल इस दुनिया में बहुत सारा
फिर भी फस जाता लोग इनका है मोह माया

— Raj

77. मोहब्बत पैरहन नहीं

78. मसरफ़ - उपयोग, इस्तेमाल

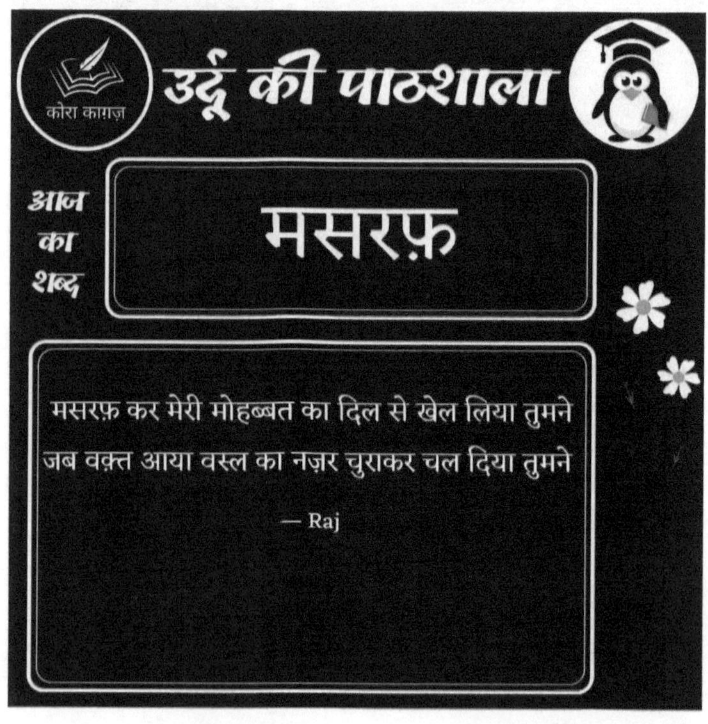

79. पाकीज़ा इश्क़

पाकीज़ा इश्क़

मतलब भरी इस दुनिया में पाकीज़ा इश्क़ मिलता नहीं
ढूंढा उसे गली-गली में पर मुझको वो कहीं दिखा नहीं

कहते हैं लोग यहाँ पर चार दिन की हैं अपनी ज़िन्दगी
दो दिन तो बीत गए यहाँ बचे दो दिन कर लेना बन्दगी

कैसे करें मोहब्बत जब होता मतलब की बुनियाद पर
ठीक नहीं पाए संसार कहीं हो न जाए ये कई बिकर

चाहत हैं इस दिल को मेरे सच्चा इश्क़ कहीं मिल पाए
वक़्त गुज़रता गया उम्मीद पर मनचाहा कई मिल जाए

— Raj

80. मुनज़्ज़म - संगठित, सुनियोजित

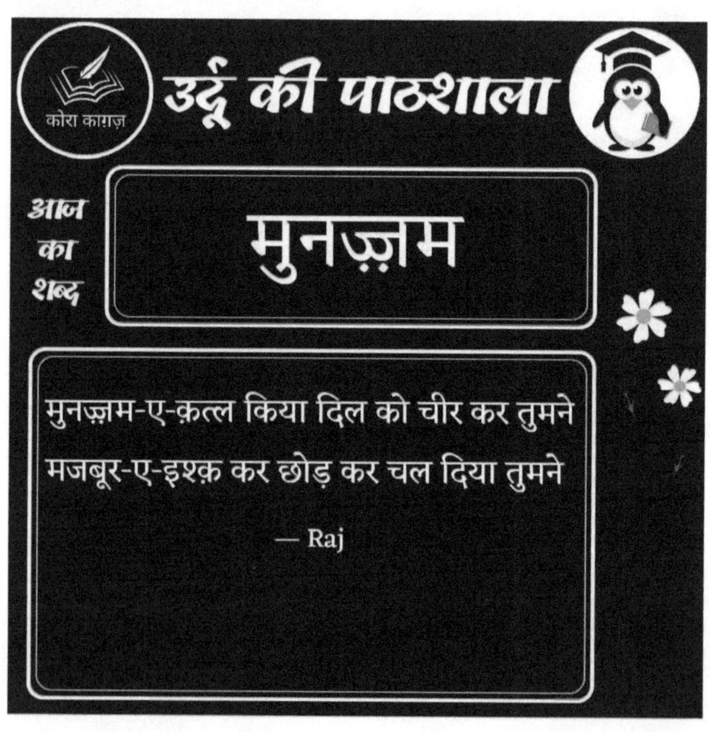

81. काँटों का दामन

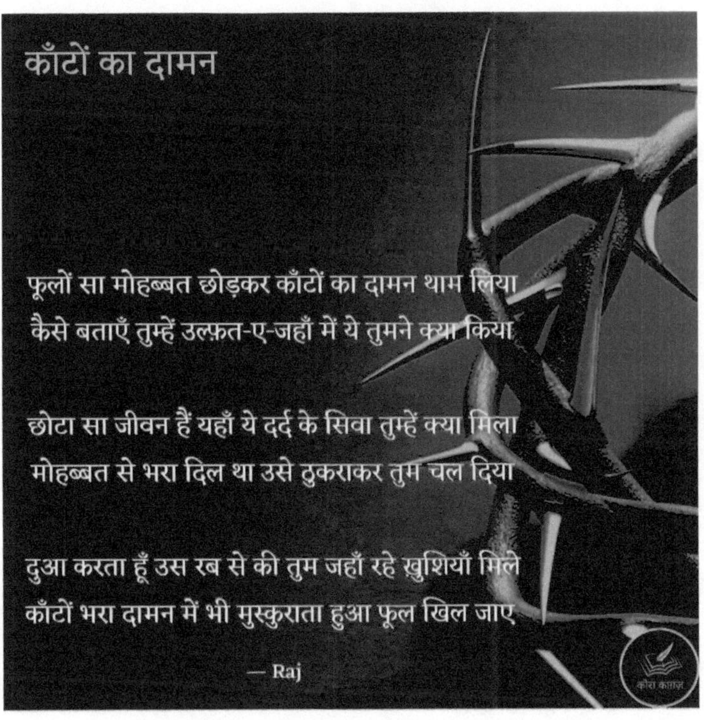

काँटों का दामन

फूलों सा मोहब्बत छोड़कर काँटों का दामन थाम लिया
कैसे बताएँ तुम्हें उल्फ़त-ए-जहाँ में ये तुमने क्या किया

छोटा सा जीवन हैं यहाँ ये दर्द के सिवा तुम्हें क्या मिला
मोहब्बत से भरा दिल था उसे ठुकराकर तुम चल दिया

दुआ करता हूँ उस रब से की तुम जहाँ रहे ख़ुशियाँ मिले
काँटों भरा दामन में भी मुस्कुराता हुआ फूल खिल जाए

— Raj

82. गुलाबी पंकुड़ी

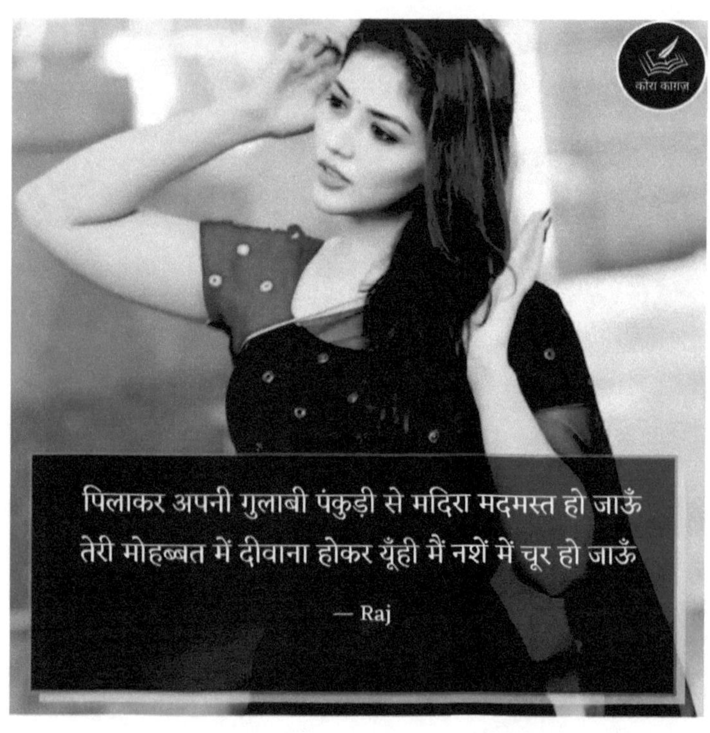
पिलाकर अपनी गुलाबी पंकुड़ी से मदिरा मदमस्त हो जाऊँ
तेरी मोहब्बत में दीवाना होकर यूँही मैं नशें में चूर हो जाऊँ
— Raj

83. पारी हो तुम या..

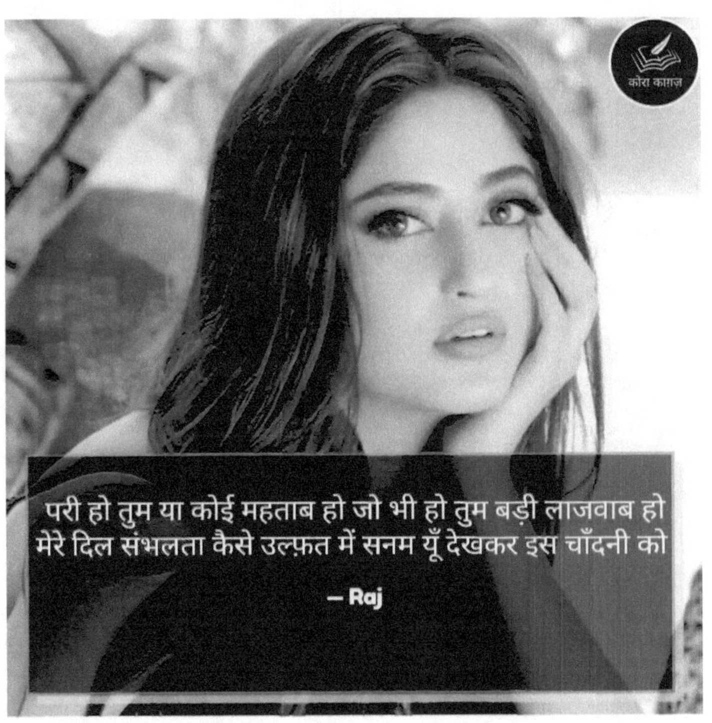

परी हो तुम या कोई महताब हो जो भी हो तुम बड़ी लाजवाब हो
मेरे दिल संभलता कैसे उल्फ़त में सनम यूँ देखकर इस चाँदनी को

— Raj

84. गुदाज़ - नर्म, मुलायम

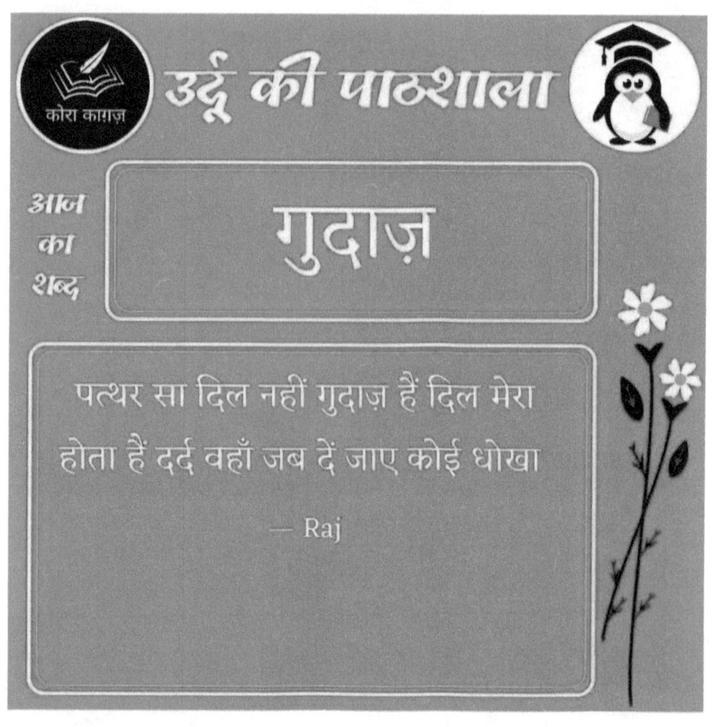

85. क़त्ल-ए-आम

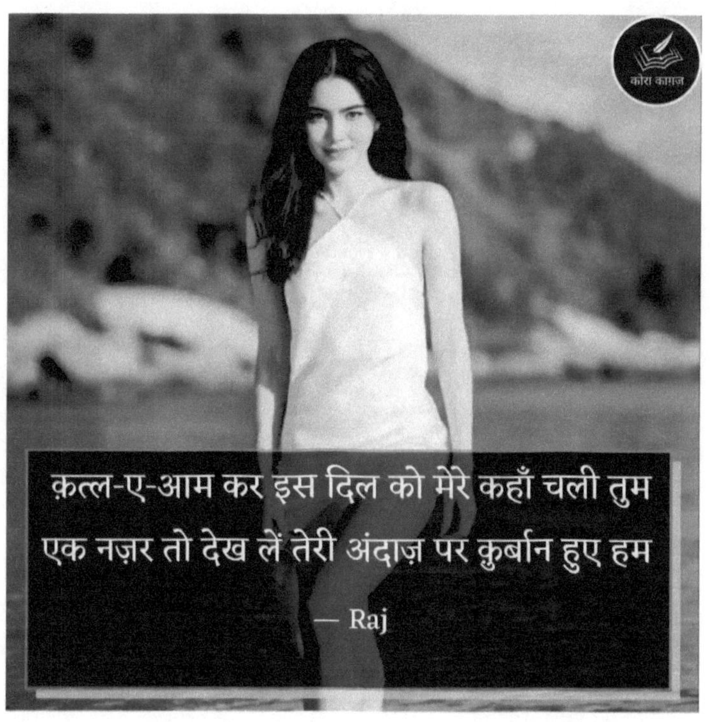

86. इश्क़ ले आया कहाँ

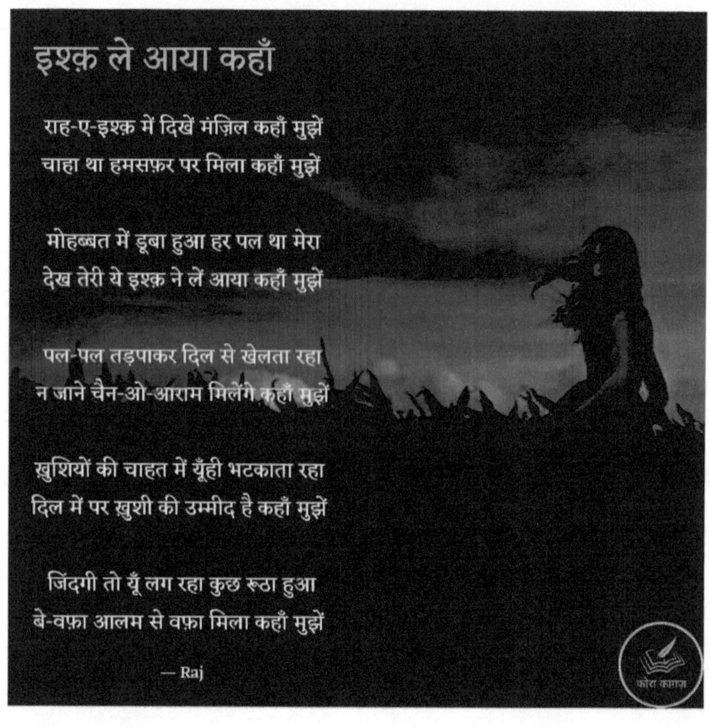

इश्क़ ले आया कहाँ

राह-ए-इश्क़ में दिखें मंज़िल कहाँ मुझें
चाहा था हमसफ़र पर मिला कहाँ मुझें

मोहब्बत में डूबा हुआ हर पल था मेरा
देख तेरी ये इश्क़ ने ले आया कहाँ मुझें

पल-पल तड़पाकर दिल से खेलता रहा
न जाने चैन-ओ-आराम मिलेंगे कहाँ मुझें

ख़ुशियों की चाहत में यूँही भटकाता रहा
दिल में पर ख़ुशी की उम्मीद है कहाँ मुझें

जिंदगी तो यूँ लग रहा कुछ रूठा हुआ
बे-वफ़ा आलम से वफ़ा मिला कहाँ मुझें

— Raj

87. ज़ुल्फ़ें लहराए हवाओं में

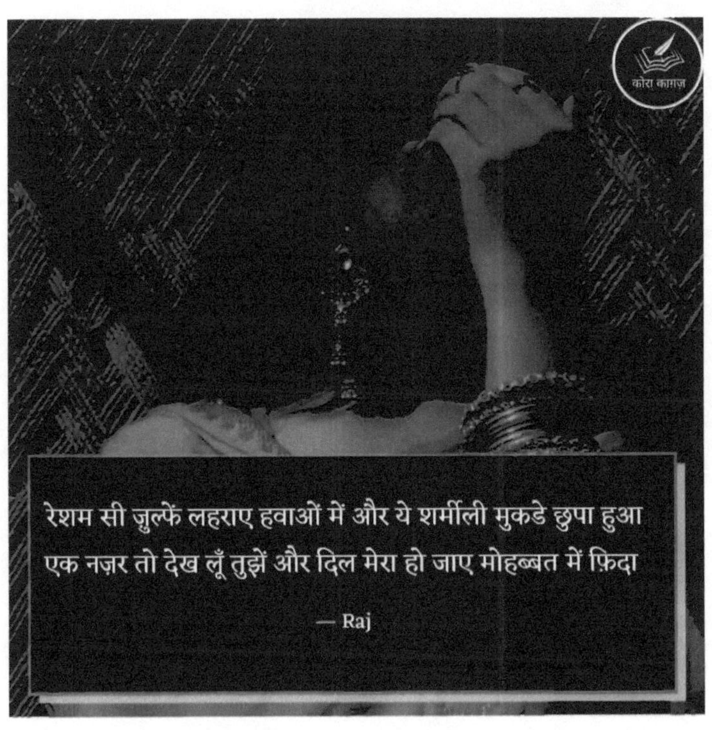

88. रहनुमा - रास्ता बताने वाला

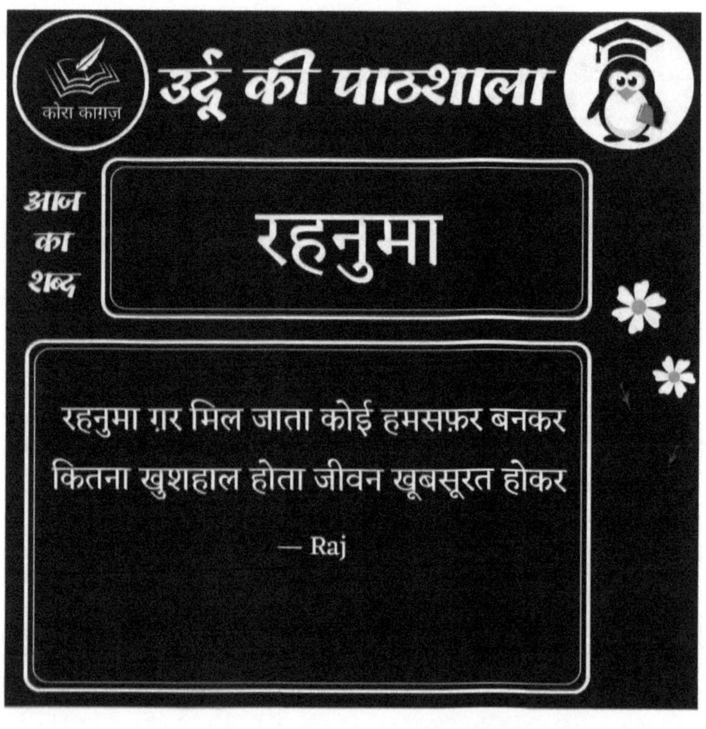

89. तेरे नाम के सिवा

तेरे नाम के सिवा

रहता गया इस दुनिया में
यूँही मैं मोहब्बत के बिना
ना कुछ हैं जीवन में मेरा
अब एक तेरे नाम के सिवा

करता गया मोहब्बत गहाँ
मन में कुछ ना चाहे बिना
रह नहीं पाउँगा दुनिया में
अब एक तेरे साथ के सिवा

छोड़ ना जाना मुझे कभी
इस दुनिया में इश्क़ के बिना
और कुछ भी ना चाहिए मुझे
अब एक तेरे मोहब्बत के सिवा

तन्हाई में गुज़रे हर पल मेरा
जीता गया ख़ुशियों के बिना
चाहता गया ये दिल भी मेरा
और कुछ नहीं ख़ुशी के सिवा

— Raj

90. सागर से उलझकर

91. ज़माने के सितम

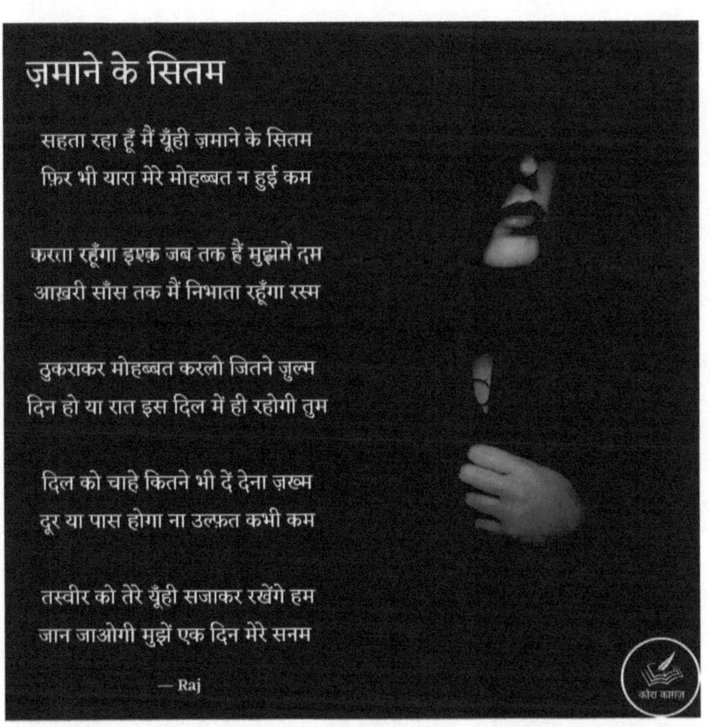

ज़माने के सितम

सहता रहा हूँ मैं यूँही ज़माने के सितम
फ़िर भी यारा मेरे मोहब्बत न हुई कम

करता रहूँगा इश्क़ जब तक है मुझमें दम
आख़री साँस तक मैं निभाता रहूँगा रस्म

ठुकराकर मोहब्बत करलो जितने ज़ुल्म
दिन हो या रात इस दिल में ही रहोगी तुम

दिल को चाहे कितने भी दें देना ज़ख्म
दूर या पास होगा ना उल्फ़त कभी कम

तस्वीर को तेरे यूँही सजाकर रखेंगे हम
जान जाओगी मुझें एक दिन मेरे सनम

— Raj

92. सलासिल - बेड़ियाँ, ज़ंजीर

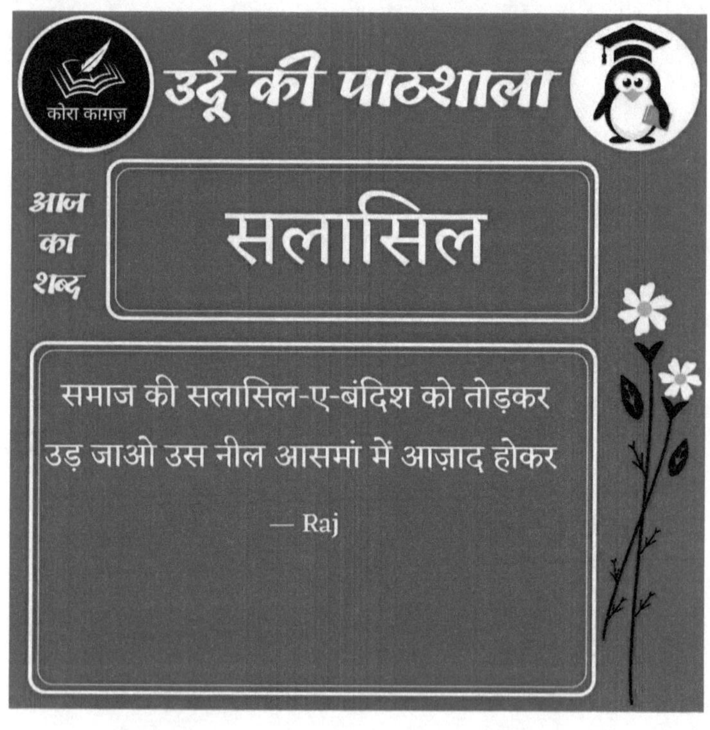

93. नुमू - उत्पत्ति, उगाना, बढ़ना

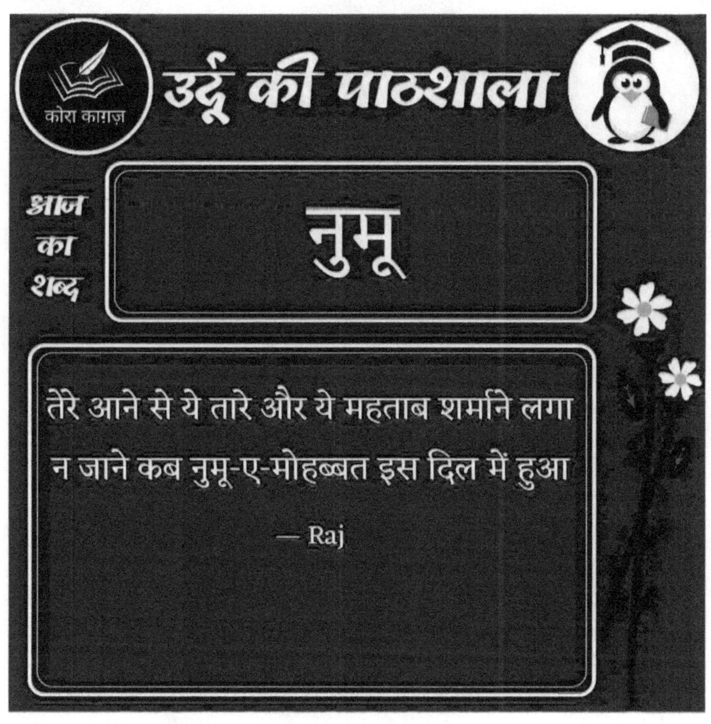

94. नज़राना मोहब्बत का

95. तज़्किरा - चर्चा, व्याक्यान

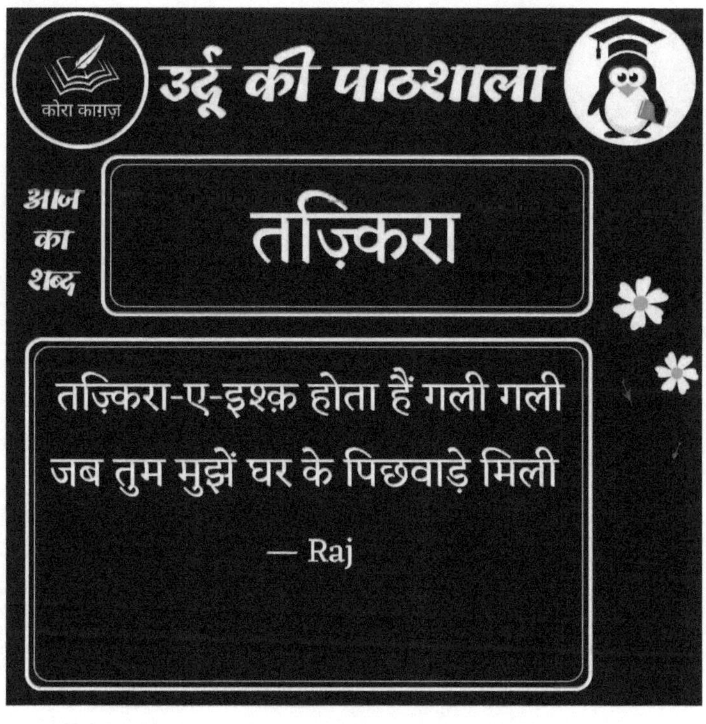

96. ज़ुबान में लगाम न होना

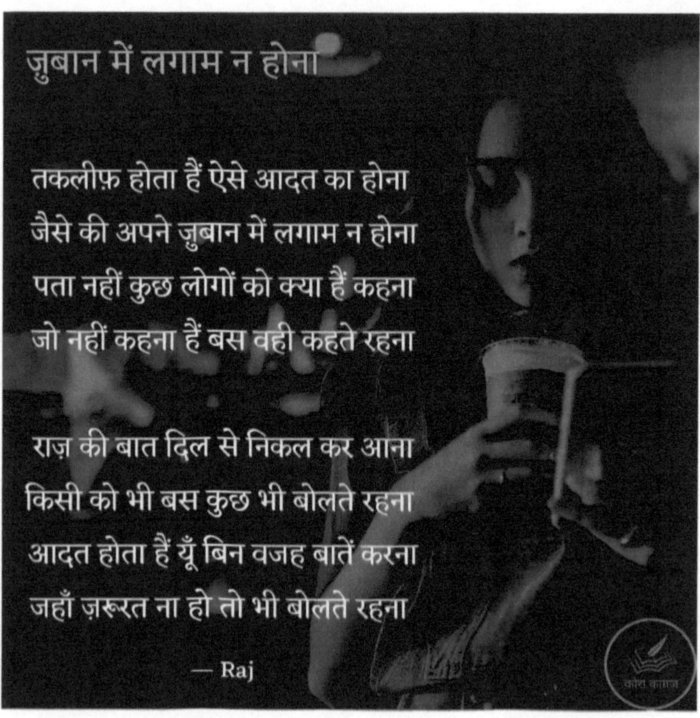

97. तकल्लुम - बातचीत, वार्तालाप

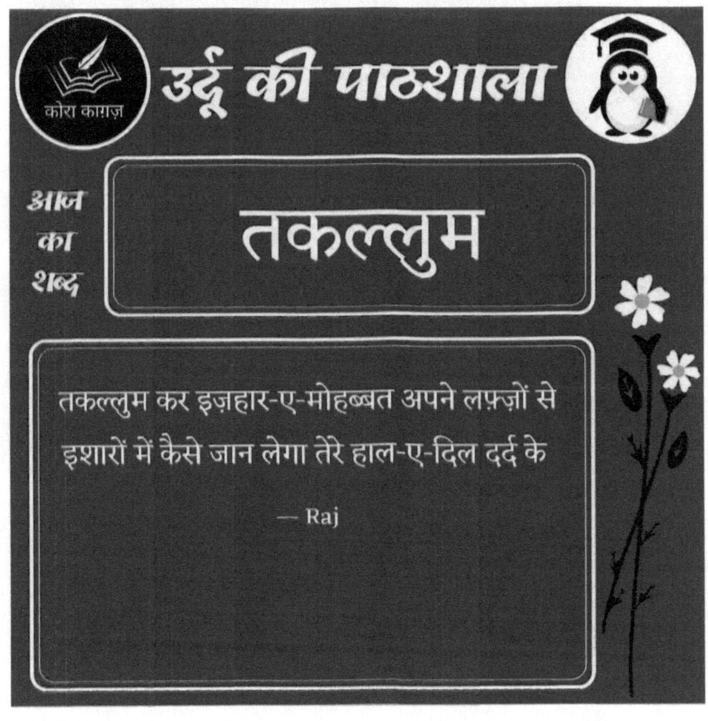

98. वो तन्हा रातें

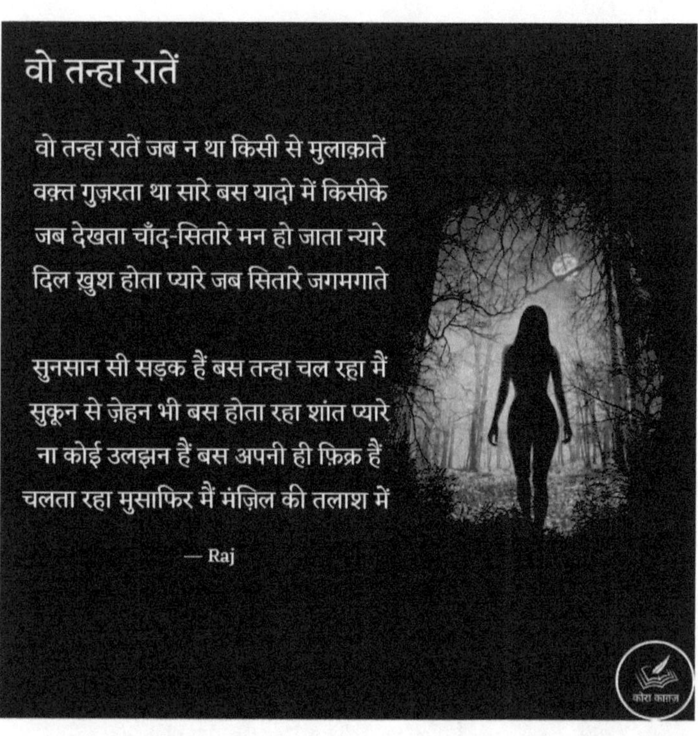

वो तन्हा रातें

वो तन्हा रातें जब न था किसी से मुलाक़ातें
वक़्त गुज़रता था सारे बस यादो में किसीके
जब देखता चाँद-सितारे मन हो जाता न्यारे
दिल खुश होता प्यारे जब सितारे जगमगाते

सुनसान सी सड़क हैं बस तन्हा चल रहा मैं
सुकून से ज़ेहन भी बस होता रहा शांत प्यारे
ना कोई उलझन हैं बस अपनी ही फ़िक्र हैं
चलता रहा मुसाफिर मैं मंज़िल की तलाश में

— Raj

99. वक़्त की स्याही

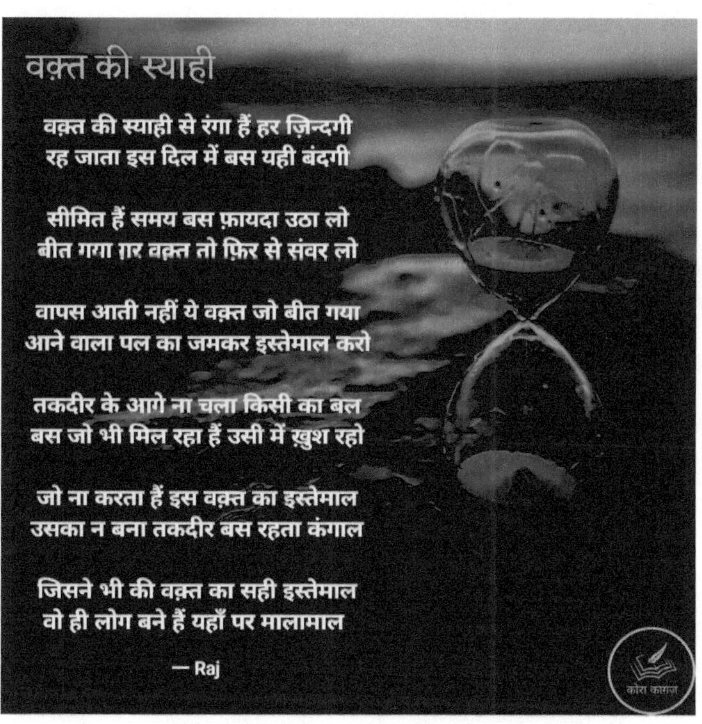

वक़्त की स्याही

वक़्त की स्याही से रंगा हैं हर ज़िन्दगी
रह जाता इस दिल में बस यही बंदगी

सीमित हैं समय बस फ़ायदा उठा लो
बीत गया ग़र वक़्त तो फिर से संवर लो

वापस आती नहीं ये वक़्त जो बीत गया
आने वाला पल का जमकर इस्तेमाल करो

तकदीर के आगे ना चला किसी का बल
बस जो भी मिल रहा हैं उसी में खुश रहो

जो ना करता हैं इस वक़्त का इस्तेमाल
उसका न बना तकदीर बस रहता कंगाल

जिसने भी की वक़्त का सही इस्तेमाल
वो ही लोग बने हैं यहाँ पर मालामाल

— Raj

100. ज़ुल्म-ओ-सितम

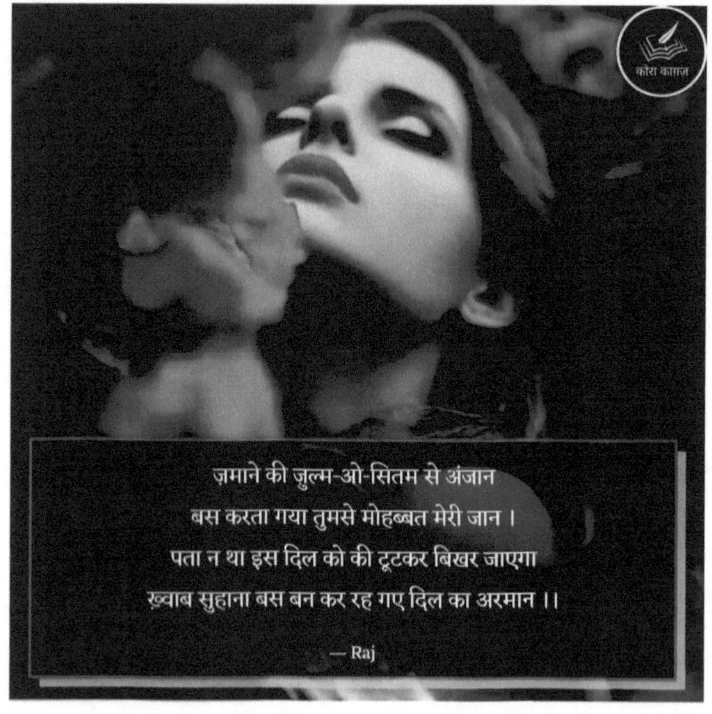

Enter Caption

अस्वीकरण

सभी रचनाएँ कल्पना पर आधारित हैं। इसका लेखक के जीवन या ब्रह्मांड में किसी से कोई लेना-देना नहीं है। सभी लेख काल्पनिक हैं और किसी जीवित या मृत व्यक्ति से कोई समानता नहीं है। यदि कोई समानता है तो यह मात्र संयोग है।

लेखक की जीवनी

श्री के.सी. श्रीराज मेनन, जिनका जन्म केरल के एक संपन्न परिवार में 09 सितंबर 1973 को श्री कोझीपुरथ संकुन्नी मेनन और श्रीमती किज़हारा चालापुरथ सेथुलक्ष्मी मेनन के घर हुआ और महाराष्ट्र में अधिवासित हैं। वह बचपन से ही तेज-तर्रार शायरी करते थे, कहते और भूल जाते थे। एक बार उनके एक करीबी दोस्त ने इस पर गौर किया और उन्हें जो भी कविताएँ या उद्धरण कहते थे, उन्हें लिखने के लिए मजबूर किया और तब से उन्होंने लिखना शुरू कर दिया। उन्होंने अपनी कविताओं और उद्धरणों को अपने और अपने करीबी दोस्तों के पास तब तक सीमित रखा जब तक उन्हें अपने कामों को ऑनलाइन लिखने के लिए एक मंच नहीं मिला। वह Your Quote साइट पर एक सक्रिय लेखक हैं और उन्हें प्रतियोगिता के लिए कई प्रशंसापत्र और प्रमाणपत्र प्राप्त हुए हैं। वह एक बहुभाषी लेखक हैं और उनका लेखन विस्मयकारी है। चाहे वह अंग्रेजी, हिंदी, उर्दू, मलयालम और मराठी हो, वह सभी भाषाओं में उत्कृष्ट है। वह कई दिलचस्प लेखकों के लिए एक बड़ी प्रेरणा भी हैं। वह मुंबई विश्वविद्यालय से स्नातक हैं। वह एक एकाउंटेंट हैं और एक स्व-शिक्षित कंप्यूटर इंजीनियर भी हैं। उनके कौशल शीर्ष पायदान पर हैं और उनके पास कई प्रमाणपत्र हैं। अभिनय, लेखन, पेंटिंग और नृत्य और संगीत सुनना आदि... आदि उनके जुनून हैं।

Mail Id.: shreeraj_m@yahoo.co.uk